vos yeux

- verres et montures
- troubles de la vue
- verres de contact
- prévention

Couverture
- Conception graphique:
  KATHERINE SAPON
- Photo:
  BENOÎT LEVAC

Maquette intérieure
- Conception graphique:
  JEAN-GUY FOURNIER
- Graphiques:
  D. CHARTRAND
- Photos:
  F. DURAND

Équipe de révision
Daniel Ariey-Jouglard, Jean Bernier, Monique Herbeuval,
Patricia Juste, Jean-Pierre Leroux, Odette Lord,
Linda Nantel, Paule Noyart, Jacqueline Vandycke

DISTRIBUTEURS EXCLUSIFS:

- Pour le Canada:
  AGENCE DE DISTRIBUTION POPULAIRE INC.*
  955, rue Amherst, Montréal H2L 3K4 (tél.: 514-523-1182)
  *Filiale de Sogides Ltée
- Pour la France et l'Afrique:
  INTER-FORUM
  13, rue de la Glacière, 75013 Paris (tél.: (1) 43-37-11-80)
- Pour la Belgique et autres pays:
  S. A. VANDER
  Avenue des Volontaires, 321, 1150 Bruxelles (tél.: (32-2) 762.98.04)

MICHELINE LEPAGE-DURAND
MARIE CHARTRAND

vos yeux

- verres et montures
- troubles de la vue
- verres de contact
- prévention

*LES ÉDITIONS DE L'HOMME**

CANADA: 955, rue Amherst, Montréal H2L 3K4

*Division de Sogides Ltée

Données de catalogage avant publication (Canada)

Lepage-Durand, Micheline

  Vos yeux

  2-7619-0571-7

  1. Vision, Troubles de la. 2. Oeil - Maladies et défauts. 3. Lentilles de contact. 4. Lunettes. I. Chartrand, Marie. II. Titre.

RE971.L46 1986   617.7'5   C86-096078-1

Bibliothèque nationale du Québec
Dépôt légal — 1er trimestre 1986

ISBN 2-7619-0571-7

Qu'il me soit permis de souligner l'excellent travail des auteures dans cet ouvrage de vulgarisation de la science des yeux et de la vision. Cette idée originale rend un grand service au public. Nous en félicitons les auteures et espérons une large diffusion de ce livre.

JEAN M. RODRIGUE, o.d.
Président de l'Association
des optométristes du
Québec.

Introduction

Astigmatisme, myopie, amblyopie, lentilles de contact, glaucome, cataracte, cristallin, optométriste... tous ces mots se rapportent à la vision, vous le savez, mais savez-vous:

- Ce qu'est l'astimagtisme?
- En quoi consiste le travail de l'optométriste?
- Qui peut porter des lentilles de contact?
- Quel type de prévention est possible chez un enfant?

Voilà autant de questions qui nous ont souvent été posées durant nos quelques années de pratique. Malheureusement, bien des gens négligent de consulter leur optométriste et ne savent pas où s'adresser pour trouver une réponse à leurs questions.

Ce guide, que nous avons essayé de rendre le plus complet possible, répondra à la grande majorité de vos questions. Il vous permettra de mieux connaître les lentilles de contact, les maladies oculaires, les lunettes, la rééducation visuelle, etc. On y indiquera comment utiliser au maximum vos capacités visuelles. Ce livre se veut accessible à tous; il ne faut pas y chercher un traité scientifique, mais un ouvrage de vulgarisation qui, nous l'espérons, vous rendra de grands services et vous permettra de recourir aux différents services qui vous sont offerts dans le domaine visuel. C'est un ouvrage de référence qui peut être consulté avec profit en tout temps par toute la famille.

Mais n'oubliez pas que votre spécialiste de la vision reste toujours la personne la plus apte à répondre à vos questions si vous désirez éclaircir des points vous touchant personnellement.

S'il vous vient à l'esprit des questions auxquelles nous n'avons pas répondu, écrivez-nous à l'adresse de l'éditeur, nous nous ferons un plaisir de vous répondre.

CHAPITRE 1
Généralités

D'abord, quelques définitions. Quand il s'agit des yeux et de la vision, il arrive fréquemment que l'on ne sache pas qui consulter pour un problème donné. On se demande s'il faut voir un opticien, un optométriste ou encore un ophtalmologiste. On ne sait pas exactement qui fait quoi. Pour vous éclairer, voici de brèves définitions de la formation et des fonctions de chacune des trois personnes qui oeuvrent dans ce domaine.

L'opticien d'ordonnances: L'opticien d'ordonnances est un technicien qui a suivi son cours au Cégep. Après trois années d'études, ce dernier fabrique les lentilles pour vos lunettes et remplit les ordonnances prescrites par l'optométriste ou l'ophtalmologiste. Il peut vendre des montures, mais il n'est pas qualifié pour faire passer l'examen visuel.

L'optométriste: Après deux années d'études au Cégep, l'optométriste a fait quatre années de cours universitaire pour obtenir un doctorat en optométrie.

L'optométriste vous fait subir un examen approfondi de l'appareil oculaire. Il s'assure que vous ne souffrez d'aucune maladie oculaire, examine l'état de réfraction de l'oeil (myopie, presbytie) et la fonction de binocularité (équilibre des deux yeux). S'il décèle une pathologie, il vous réfère à un ophtalmologiste ou à un médecin.

Si un traitement est requis, l'optométriste choisit la thérapeutique appropriée: lunettes, lentilles de contact ou rééducation visuelle. L'optométriste peut vendre des montures, il peut aussi, si vous le désirez, vous remettre une ordonnance. L'optométriste prescrit et vend aussi des lentilles de contact.

Tous les examens sont couverts par la régie de l'assurance-maladie, la thérapeutique, elle, ne l'est pas.

L'ophtalmologiste: L'ophtalmologiste est d'abord un médecin qui s'est spécialisé en ophtalmologie.

C'est lui, par exemple, qui pratiquera une opération pour la cataracte ou encore qui traitera une infection de l'oeil.

L'ophtalmologiste fait aussi passer des examens de la vue, et peut prescrire des lunettes ou des lentilles de contact. Il ne vend pas, par contre, de montures.

Tous les soins chirurgicaux et diagnostiques sont couverts par l'assurance-maladie du Québec.

LES PARTIES DE L'OEIL

Pour bien comprendre les chapitres qui suivent, il est essentiel de connaître les parties de l'oeil. On a souvent comparé l'oeil à un appareil-photo, ce qui aide à comprendre le mécanisme complexe de la vision.

Tableau de correspondance des parties de l'oeil et de celles d'un appareil-photo

Appareil-photo	Oeil
Obturateur	Paupières
Diaphragme	Iris
Lentille	Cristallin
Boîtier	Sclérotique
Film photosensible	Rétine

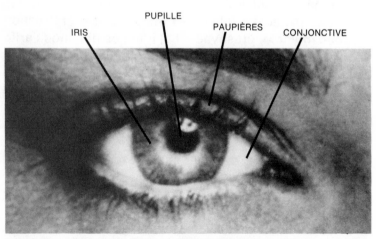

PUPILLE

IRIS PAUPIÈRES CONJONCTIVE

10 Photo agrandie de l'oeil et de ses différentes parties visibles

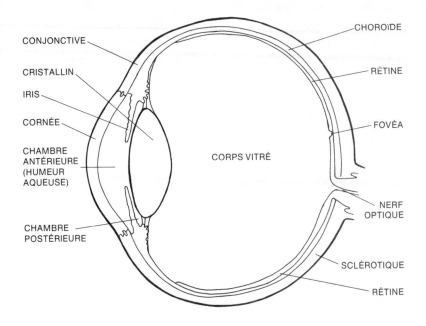

LA CORNÉE: membrane transparente avasculaire (partie antérieure de l'oeil).

L'IRIS: membrane pigmentée circulaire, perforée en son centre pour former la pupille. L'iris est situé entre la cornée et le cristallin.

LA PUPILLE: ouverture par laquelle la lumière pénètre dans l'oeil. Le diamètre de la pupille est variable, contrôlant ainsi la quantité de lumière entrant dans l'oeil.

LE CRISTALLIN: lentille de l'oeil, qui s'ajuste pour focaliser les rayons lumineux sur la rétine (fonction d'accommodation).

LA RÉTINE: membrane interne de l'oeil.

LA FOVÉA: région de la rétine qui donne la meilleure acuité visuelle (vision).

La lumière est affectée tout au long de son parcours à travers les différentes parties de l'oeil.

La lumière provenant d'un objet placé à plus de 6 mètres arrive à l'oeil de façon parallèle. Elle traverse 11 la cornée qui la fait légèrement converger. Elle traverse ensuite la chambre antérieure et la pupille, puis atteint le cristallin. Celui-ci fait converger la lumière. Ensuite, la lumière traverse le vitré et atteint la rétine au point nommé fovéa (à ce moment, l'image se trouve inversée). À ce moment, des influx nerveux (la rétine est un tissu composé de cellules nerveuses) sont envoyés au cerveau par l'entremise du nerf optique. Le cerveau décode ces influx nerveux et replace l'image à l'endroit, nous pouvons alors prendre connaissance de ce que nous voyons.

CHAPITRE II
Les troubles de la vue

Vos yeux se fatiguent à la lecture? Vous avez de la difficulté à voir les objets éloignés? Vous avez souvent mal à la tête à la fin de la journée? Ces symptômes parmi tant d'autres peuvent être causés par un problème de vision, mais lequel?

Présentement, pourriez-vous déterminer, à l'aide des définitions suivantes, de quel groupe vous faites partie?

Un examen visuel complet chez votre optométriste confirmera avec précision si vous souffrez d'un problème du système visuel et permettra, par la suite, d'établir la thérapeutique requise s'il y a lieu.

1. L'emmétropie

L'emmétropie n'est pas un trouble de la vue mais l'état d'un oeil qui est dit "normal". Il ne faut pas confondre emmétropie avec une vision 20/20 (100 pour 100) car ce n'est pas nécessairement la même chose. Pour l'emmétrope, l'image d'un objet à l'infini se forme sur la rétine (voir le chapitre I) quand l'oeil est au repos; c'est-à-dire qu'il n'*accommode* pas.

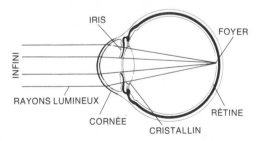

L'oeil emmétrope

L'*accommodation* est la capacité de l'oeil de s'ajuster à différentes distances de fixation. Par le chan- 13 gement de forme du cristallin (voir le chapitre I), on peut faire la mise au point d'une image qui se trouve à une distance plus ou moins grande de l'oeil.

Si l'oeil n'*accommode* pas et que l'image d'un objet à l'infini n'est pas formée sur la rétine, il souffre alors d'un des troubles suivants:

2. La myopie

Chez le myope, l'oeil fait converger les rayons lumineux en avant de la rétine lorsque la personne regarde un objet distant.

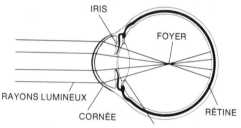

L'oeil myope

Le patient myope se plaindra donc que sa vue se brouille lorsqu'il regarde au loin (télévision, tableau, conduite automobile). Il plissera souvent les yeux, froncera les sourcils et se rapprochera des objets qu'il veut voir.

On corrige la myopie à l'aide de lentilles divergentes (ou *concaves*) qui permettront de replacer le foyer sur la rétine. Ces lentilles ont un effet rapetissant, c'est pourquoi un fort myope paraît avoir de petits yeux lorsqu'on les voit à travers ses lunettes.

La correction de la myopie permet une augmentation du confort, de l'acuité visuelle et du rendement.

Les lentilles utilisées son calibrées en **dioptries**; plus la vision au loin est faible, plus le montant dioptrique nécessaire à la correction est élevé.

Pour vous donner une idée approximative, vous pouvez examiner le tableau ci-dessous:

MYOPIE EN DIOPTRIES	0 à 0,25	0,50	1,00	1,50	2,50
	20/20	20/30	20/50	20/80	20/200

Une vision de 20/50, par exemple, signifie qu'un oeil normal voit un symbole à 50 pieds, alors que la personne souffrant de myopie (non-corrigée) doit s'approcher à 20 pieds pour percevoir ce même symbole clairement.

Il est par ailleurs difficile de prévenir la myopie parce que plusieurs facteurs complexes peuvent être responsables de son apparition (ex.: études, lectures, facteur héréditaire). La myopie a tendance à augmenter chez la majorité des personnes de moins de vingt ans et reste à peu près stable à l'âge adulte.

a) La kératotomie

La kératotomie est une opération qui consiste à pratiquer des incisions assez profondes dans la cornée. Lorsque ces incisions se cicatrisent, la cornée s'étire, s'aplatit, et la myopie diminue.

Ce traitement peut sembler fantastique. Si l'on peut diminuer ainsi la myopie, fini les lunettes! Mais en y regardant de plus près, l'on y découvre plus de désavantages que d'avantages.

Le coût de cette opération varie entre 1 500$ à 2 000 $ par oeil aux États-Unis.

Les incisions, très profondes, laisseront des cicatrices permanentes et visibles. En outre, les risques d'infection ne sont pas exclus. Si une telle infection se déclare, elle peut avoir des conséquences encore plus graves que celles de la myopie initiale.

Autre inconvénient, les résultats ne sont pas garantis. Les petites myopies seront ramenées à environ zéro, mais cela est impossible dans le cas de myopies plus grandes. Le patient devra donc quand même porter des lunettes ou des lentilles de contact.

Un dernier point: rien ne garantit que la cornée ne se remodifiera pas et que la myopie ne recommencera pas à augmenter quelque temps après l'opération.

Donc, il vaut mieux ne pas se laisser séduire par des promesses qui peuvent se révéler fort décevantes à long terme. De toute façon, les ophtalmologistes du Québec ne pratiquent pas, à ce jour, cette intervention chirurgicale pour les raisons énumérées ci-dessus.

3. L'hypermétropie

Chez l'hypermétrope, le point théorique de convergence des rayons lumineux se situe derrière la rétine lorsque l'accommodation est relâchée. L'hypermétrope peut corriger cette situation en accommodant, c'est-à-dire en augmentant la puissance de son oeil, et ramener les rayons lumineux sur la rétine. Mais cet effort constant de l'oeil pour conserver une vision claire entraîne parfois une sensation d'inconfort et les problèmes suivants:

- maux de tête (surtout en fin de journée);
- larmoiement et rougeur des yeux;
- photophobie (sensibilité excessive à la lumière);
- vision trouble au près;
- clignement.

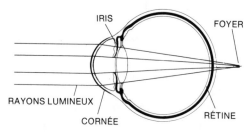

L'oeil hypermétrope

On corrige l'hypermétropie à l'aide de lentilles convergentes (ou *convexes*). Ces lentilles ont un effet grossissant, donc les yeux vus à travers les lunettes apparaissent plus gros qu'ils ne le sont en réalité.

L'effort fourni par l'oeil hypermétrope pour percevoir correctement les objets est constant. La possibilité de corriger cette hypermétropie à l'aide de lentilles dépendra donc des habitudes de travail du patient, de ses symptômes, de son âge et de son état de santé général.

Si le sujet n'aime pas lire et fait beaucoup de sport, il n'aura pas besoin de la même correction qu'un étudiant

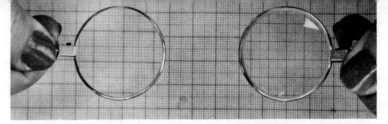

À gauche: la lentille convexe pour les hypermétropes grossit les images. À droite: la lentille concave pour les myopes rapetisse les images.

ou qu'une personne ayant un travail soutenu exigeant une vision rapprochée.

De plus, le degré d'hypermétropie entrera en ligne de compte dans l'établissement de la prescription.

Il ne faut pas confondre *l'hypermétropie* et la *presbytie*; la presbytie étant une condition caractéristique de l'adulte de quarante ou quarante-cinq ans et plus, comme nous le verrons plus loin.

4. L'astigmatisme

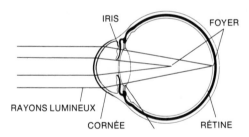

L'oeil astigmate

Il y a astigmatisme quand les rayons lumineux émanant d'un seul point convergent en deux points à différentes distances de la rétine.

La plupart du temps, cette anomalie est causée par un manque d'uniformité dans la courbure de la cornée (la face antérieure de l'oeil); l'oeil a une forme ovale, comparable à celle d'un ballon de football, au lieu d'être rond.

Les premières manifestations de l'astigmatisme apparaissent dès l'enfance et ne sont pas sujettes a des variations rapides. Le patient se plaindra de malaises ocu-

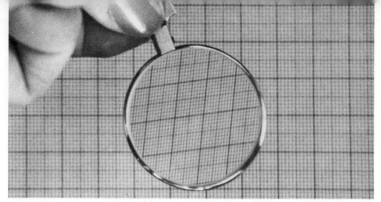

L'image que perçoit le patient astigmate sans ses lunettes correctrices.

laires, de maux de tête, de fatigue et de vision floue si l'astigmatisme est élevé.

On corrige l'astigmatisme au moyen d'une lentille de forme plus complexe. En effet, la courbure de cette lentille n'est pas uniforme sur toute sa surface afin de ramener tous les rayons lumineux sur la rétine.

Un patient qui porte ce genre de lentilles pour la première fois pourra avoir l'impression que les objets sont déformés ou inclinés, car l'oeil est habitué de les percevoir d'une certaine façon. Le cerveau prendra un certain temps à se réadapter, mais, après quelques semaines, tout redeviendra normal.

5. La presbytie

La presbytie est un phénomène physiologique normal apparaissant entre quarante et cinquante ans. En vieillissant, le cristallin perd de son élasticité, ce qui engendre une perte du pouvoir d'accommodation.

Ce phénomène se traduit par une plus grande difficulté à voir les objets rapprochés. La lecture cause difficulté et inconfort au presbyte, et celui-ci tient son texte à bout de bras ou augmente la lumière ambiante pour essayer de compenser ce problème.

On corrige la presbytie grâce à une lentille convexe. Si vous portez déjà des lunettes, il faudra ajouter une lentille convexe à la prescription initiale pour former un double foyer (voir p. 28). Si votre seul problème est la

La bonne façon de porter une demi-lunette. De loin, vous regardez par-dessus.

presbytie, vous pouvez opter pour différentes solutions: 1. Des lunettes de lecture où la lentille complète corrige votre défaut de près; ceci entraînera par contre une vision trouble au loin. 2. Des demi-lunettes qui corrigeront votre presbytie sans perturber votre vision au loin, puisque vous regardez au-dessus de celles-ci pour fixer les objets qui se trouvent à quelque distance de vous. 3. Des doubles foyers.

Les lentilles de vos lunettes devront être changées à intervalles réguliers afin de compenser la diminution de votre accommodation.

6. L'amblyopie

Lorsqu'un des yeux, ou les deux, ne peuvent atteindre une acuité visuelle de 20/20, même avec la meilleure correction possible, sans qu'il y ait de pathologie qui explique cette réduction d'acuité, on dira que l'oeil est amblyope. L'expression "oeil paresseux" est souvent employée pour désigner ce problème.

Les causes de l'amblyopie sont souvent inconnues, mais elle peut être le résultat d'un strabisme (un oeil qui louche) ou d'une différence marquée entre les deux yeux: l'oeil plus faible ou dévié ne se développant pas d'une façon normale. Généralement, on admet que l'incidence de l'amblyopie dans la population est de 1 à 2 pour 100.

Dans le cas d'un enfant, la tendance à regarder de côté, à se cacher un oeil pour mieux voir, à se frapper souvent contre les objets ou le strabisme sont des symptômes possibles de l'amblyopie.

7. Le strabisme

Normalement, lorsque l'on regarde un objet, les deux yeux sont dirigés sur le point de fixation.

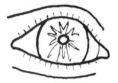 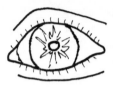

Si l'axe visuel d'un des deux yeux s'écarte de l'autre, on parlera alors de strabisme.

Il existe plusieurs sortes de strabisme: si l'axe d'un oeil s'écarte vers l'extérieur on parlera d'*exotropie*.

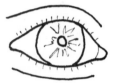 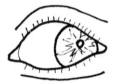

S'il tend vers l'intérieur on parlera d'*ésotropie* (c'est le cas le plus fréquent)

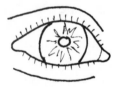 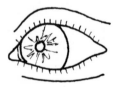

Dans certains cas, plus rares, l'axe d'un des deux yeux est dévié vers le haut, il s'agit alors d'*hypertropie*.

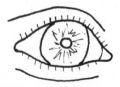 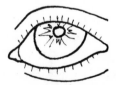

Le patient qui souffre de strabisme aura des problèmes de vision stéréoscopique (vision en trois dimensions) et souffrira parfois de diplopie (vision double).

Si vous remarquez une déviation, constante ou passagère de l'axe d'un oeil, il faudra consulter immédiatement un spécialiste pour un examen approfondi de votre système visuel.

Questions - Réponses

Q.: Quand la myopie cessera-t-elle d'augmenter?

R.: La myopie se stabilise, dans la plupart des cas, à la fin de l'adolescence, c'est-à-dire vers l'âge de vingt ans. La croissance est alors terminée et l'oeil se modifie peu par la suite. Chez certains myopes, la vision continuera à diminuer. Ces personnes souffrent de myopie dite "chronique". Des lentilles de contact de type rigide ou semi-rigide peuvent être prescrites si la myopie est due à une modification de la cornée. Ces dernières permettent de freiner ou du moins de ralentir la baisse de vision. Par contre, si la myopie est causée par une modification de l'arrière de l'oeil, rien ne peut arrêter sa progression.

Q.: La vision se détériore-t-elle si l'on ne porte pas ses lunettes ou ses lentilles de contact?

R.: Si, sans vos lunettes, vous rapprochez le livre de vos yeux ou vous diminuez la distance qui vous sépare de la télévision, vous adoptez de mauvaises habitudes et votre vision pourra diminuer. Votre vue peut également se détériorer que vous portiez ou non vos lunettes. Par exemple, les enfants myopes, qui n'ont pas terminé leur croissance, peuvent constater que leur myopie augmente à mesure que leur oeil se modifie avec l'âge. Ceux qui ne veulent pas porter de lunettes et qui sont soumis à des conditions normales (bonne distance, bon éclairage) ne verront pas nécessairement leur vision diminuer. Ils s'exposent par contre à des problèmes tels que les yeux qui tirent, brûlent, pleurent, des maux de tête. Ces maux sont causés par le surcroît de travail qu'ils imposent à leurs yeux (hypermétropie) ou par les efforts constants qu'ils font en essayant de focaliser (myopie).

Q.: Le port de lunettes ou de lentilles rend-il l'oeil paresseux?

R.: Si on vous a prescrit des lunettes parce que vous en avez besoin, votre oeil ne deviendra pas paresseux. Les hypermétropes sont souvent convaincus du contraire. Ce phénomène s'explique par le fait que les lunettes permettent à l'oeil de se relaxer et de retrouver une condition normale. Lorsque le patient enlève ses lunettes, l'oeil doit recommencer à travailler d'une façon anormale, ce qui cause une impression d'inconfort.

Un oeil pourrait devenir paresseux à la suite du port de lunettes pour vision de près chez une personne qui n'en aurait pas besoin. L'oeil se déshabitue alors à travailler de près.

CHAPITRE III
Les lunettes

Malgré la popularité croissante des lentilles de contact, beaucoup de patients préfèrent encore les lunettes pour diverses raisons: dédain de "se jouer" dans les yeux, prix élevé des lentilles de contact, entretien fastidieux, ou tout simplement par goût. D'ailleurs, les porteurs de lentilles de contact devraient avoir, eux aussi, des lunettes pour se dépanner en cas de bris ou de perte de leurs lentilles de contact, ou tout simplement pour les utiliser avant et après le port de celles-ci.

1. Les lentilles

Les lentilles des lunettes sont communément appelées verres. Elles sont en vitre ou en plastique. Comme chaque matériau comporte ses avantages et ses inconvénients, c'est selon les critères déterminés par le patient que le choix peut s'effectuer:

RÉSISTANCE À L'ABRASION: La vitre se raie moins facilement que le plastique. Cependant, il existe maintenant un procédé de laboratoire qui protège mieux le plastique et le rend plus résistant, et qui consiste à appliquer une couche de quartz sur la surface de la lentille. Ce procédé n'est appliqué qu'à la demande du client.

ÉPAISSEUR: Dans le cas de lentilles visant à corriger une myopie élevée, une lentille de vitre sera plus mince qu'une lentille de plastique. Une vitre de densité plus élevée sera encore plus mince.

RÉSISTANCE AUX CHOCS: Le plastique résiste beaucoup mieux aux chocs que la vitre. Cependant, la vitre peut être durcie grâce à différents procédés de laboratoire qui augmentent sa résistance.

LÉGÈRETÉ: Pour une même prescription le plastique est plus léger que la vitre. Naturellement, plus la force de la lentille augmente, plus la différence de poids entre la vitre et le plastique est appréciable.

LENTILLES DE SÉCURITÉ: Autant dans les sports qu'au travail, le plastique remplace de plus en plus la vitre durcie comme lentille de sécurité. On fabrique des lentilles de plastique plus épaisses pour fournir une meilleure protection.

CHOIX DE MONTURES: Une lentille de plastique permet de choisir une monture où les lentilles sont retenues par des vis, car le laboratoire pourra les percer sans les briser.

ENTRETIEN: Pour nettoyer une lentille de plastique non traitée contre l'abrasion, passez vos lunettes sous l'eau courante avant de les essuyer. Vous enlevez ainsi les poussières qui se sont déposées sur les lentilles sans les égratigner. Les lentilles de vitre ne requièrent, elles, aucun entretien spécifique.

2. Les lentilles teintées

Qu'il s'agisse d'éliminer l'éblouissement ou tout simplement d'une question d'esthétique, les lentilles teintées doivent être choisies avec soin. Un oeil en bonne santé peut aisément s'adapter à l'éclat du soleil sans protection supplémentaire. Mais, par contre, les lentilles teintées s'imposent dans certaines circonstances et celles-ci varient d'un individu à l'autre en fonction de l'état général de santé, du degré de fatigue, du travail, etc. Toute personne devrait mettre ses lunettes de soleil lorsqu'elle est proche de l'éblouissement.

Par contre, une lentille solaire ne devrait jamais être portée en permanence, sauf indication contraire, et encore moins le soir, pour la conduite automobile, sous prétexte de se protéger des phares des voitures qui viennent en sens inverse. L'oeil peut s'habituer au port d'une lentille teintée et ne supportera plus qu'avec difficulté la lumière, qu'elle soit naturelle ou artificielle. Il ne faut pas oublier que plus la coloration est foncée, plus il vous faudra de lumière pour conserver une bonne vision et ne pas fatiguer vos yeux, surtout à l'intérieur.

Jetons un coup d'oeil sur ce que le marché offre actuellement dans le domaine des lentilles teintées. Une teinte peut être fixe ou varier en fonction de l'intensité des rayons solaires.

a) Teinte fixe unie (la même teinte sur toute la lentille)

Vous pouvez obtenir presque toutes les couleurs, dans une grande quantité de nuances. On vend maintenant des lunettes de soleil bleues, roses, jaunes, mauves, vertes et mêmes des lunettes-miroirs. Si vous achetez vos lunettes de soleil dans un magasin non spécialisé, évitez ces couleurs ou les lentilles-miroirs car celles-ci n'offrent, la plupart du temps, qu'une protection médiocre contre les rayons nocifs du soleil.

Il existe trois types de teintes fixes unies:

DANS LA MASSE: (LA TEINTE EST FONDUE DANS LA VITRE)

Les teintes appliquées grâce à ce procédé ont l'avantage de bien résister à l'abrasion. Par contre, si vous n'aimez plus la coloration choisie, ne pensez pas à la faire enlever; vous devrez la garder aussi longtemps que la lentille.

Certains types de lentilles très épaisses se prêtent mal à ce procédé. La coloration sera plus intense où la lentille est plus épaisse et souffrira d'un manque d'uniformité qui pourrait être gênant.

Il est à noter que toutes les couleurs ne sont pas disponibles pour ce procédé.

EN SURFACE: (LA TEINTE EST APPLIQUÉE SUR LES SURFACES DE LA LENTILLE)

Les lentilles fabriquées selon ce procédé doivent être manipulées avec soin car la coloration appliquée en surface peut se rayer. Par contre, il est possible de faire changer la couleur si on le désire ou bien tout simplement de l'appliquer sur une lentille déjà fabriquée. Les patients conservent souvent leurs anciennes lentilles et y font appliquer une teinte foncée afin de s'en servir comme lunettes de soleil.

La teinte la plus utilisée, et celle qui devrait être choisie en priorité, c'est le gris, même s'il paraît triste. Une coloration grise ne déforme pas les couleurs perçues par l'oeil, elle ne fait qu'assombrir l'image.

Il est préférable de choisir une coloration légère si l'on doit porter des lunettes en permanence. Ces teintes pâles sont recommandées aux personnes qui travaillent avec un éclairage au néon ou aux opérateurs d'écran cathodique. Ces deux groupes de travailleurs peuvent ressentir une fatigue visuelle causée par leurs conditions de travail.

Par contre, dans le cas de lunettes de soleil, il vaut mieux choisir une coloration le plus foncée possible.

D'autres teintes sont employées à l'occasion. Par exemple, le rose aide à atténuer les problèmes causés par les néons, tout comme le gris. Le vert constitue une bonne protection contre les rayons infra-rouges du soleil.

Polaroids:

Les personnes gênées par la réflexion du soleil sur l'eau, la neige ou le sable choisiront des lunettes munies de lentilles polarisées. Celles-ci permettent d'éliminer les réflexions et seront utiles aux skieurs, aux amateurs de voile ou de toute autre activité nautique.

b) Teinte fixe dégradée

Beaucoup de personnes apprécient la teinte dégradée. Elle s'applique seulement en surface. Le gris reste toujours le meilleur choix. La coloration est plus intense dans le haut de la lentille qui est parfois complètement transparente dans le bas.

De gauche à droite: verre à teinte pâle pour port constant, à teinte solaire et à teinte dégradée.

On trouve aussi des lentilles en deux couleurs. Les couleurs les plus en demande sont le gris léger dans le haut de la lentille et le rose pâle dans le bas.

c) Photogray

Ces lunettes s'adaptent à plusieurs conditions d'éclairage. La teinte est ajoutée à la lentille au moment de la fabrication et ne peut donc être enlevée ou modifiée par la suite. Cette coloration varie en fonction de la luminosité. Plus pâle à l'intérieur, la coloration s'intensifiera sous l'effet de la lumière solaire.

La teinte "photogray": plus il y a de soleil, plus la lentille sera foncée.

Le froid causera aussi une augmentation de la coloration, car il provoque, dans une certaine mesure, la même réaction qui permet le changement de couleur.

En auto, la coloration sera un peu moins intense qu'elle ne le serait normalement à l'extérieur car le pare-brise arrête en partie les rayons solaires.

Avec le temps, vos lentilles auront tendance à rester de plus en plus foncées, même à l'intérieur. Un truc qui vous permettra de faire pâlir les lentilles *Photogray* consiste à les faire bouillir une heure en ayant soin de les retirer de leur monture. Ces lentilles sont disponibles dans le gris et le brun.

Remarque sur l'achat des lunettes de soleil

Si vous achetez des lunettes de soleil dans un magasin, il est important de s'assurer qu'il s'agit d'un article de bonne qualité.

Fixez une ligne droite, le bord d'une colonne, par exemple, au travers des lentilles. La ligne ne devrait pas paraître tordue ou embrouillée. Tournez les lentilles, la ligne ne devrait pas être déformée. Regardez une surface blanche, les lentilles ne devraient pas colorer cette surface mais seulement l'assombrir.

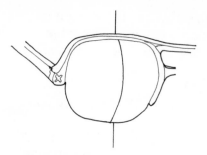

Des lunettes de soleil de mauvaise qualité peuvent causer de l'irritation, de la fatigue oculaire et des maux de tête.

3. Le double foyer

Le double foyer permet une vision claire de près et de loin. On prescrit habituellement ce genre de lentilles aux presbytes, mais elles peuvent également être prescrites à des enfants ou de jeunes adultes ayant des problèmes de vision rapprochée, mais qui ont besoin d'une vision claire à distance, comme, par exemple, les étudiants.

a) Le ST *(Straight Top)*

Le ST a la forme d'un demi-cercle inversé. Ce type de double foyer est très répandu car le prix en est abordable et il ne cause pas trop de difficultés d'adaptation. Naturellement, ce foyer passe difficilement inaperçu et il ne vous reste qu'une portion du bas de la lentille pour lire. Il est placé, sur la lentille, plus près du nez, de façon à faciliter la lecture. Le foyer est ajusté individuellement pour chaque patient; c'est pourquoi l'optométriste doit mesurer la distance entre les yeux ainsi que la hauteur du foyer.On trouve le ST dans différentes largeurs soit 25, 28, 35 mm, la largeur normale étant de 25 mm.

Verre à foyer *Executive*.

b) L'Executive

Toute la portion du bas de la lentille permet la vision de près. Quelques patients, par contre, ont déclaré que la ligne de démarcation les gênait.

c) Progressif

La demande pour ce genre de foyer croît de plus en plus. Celui-ci est invisible, ce qui constitue un avantage appréciable. Il ne faut cependant pas oublier qu'une adaptation sera néanmoins nécessaire, car il s'agit d'un double foyer au même titre que les précédents.

Ce double foyer est moins large que le ST, ce qui fait qu'il faut bouger un peu la tête en lisant pour couvrir toute la largeur du texte.

Ce double foyer permet également une vision claire à différentes distances. Au début, vous chercherez comment placer la tête mais cela deviendra vite un automatisme.

Si vous percevez un peu de distorsion au bord de la lentille, tournez légèrement la tête.

Une constatation: les patients s'adaptent plus facilement à ce double foyer s'ils sont prêts à faire certains efforts ou s'ils n'ont pas connu un autre genre de double foyer.

29

Verre à foyer progressif: il n'y a aucune ligne visible.

d) Rond

Ce double foyer est un ancien modèle et il est rarement prescrit. On le redonne simplement à ceux qui l'ont déjà.

e) Trifocal

Ce genre de double foyer permet une vision intermédiaire. Il s'exécute en *ST* et en *Executive*. Il est conseillé à tous ceux qui, pour leur travail, ont besoin d'une vision claire à la fois à la distance de lecture normale, soit 40 cm, et à une autre distance plus éloignée (pianistes, comptables, etc.).

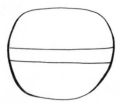 

f) Fonctionnel

Le public connaît mal ce genre de foyer. On le désigne ainsi car il s'adresse à des personnes pratiquant certains métiers bien précis: plombiers, mécaniciens, etc. En plus du foyer du bas, un second foyer est ajusté dans le haut de la lentille et la puissance de ce dernier correspond à la distance de travail de la personne.

4. La vitre à haut indice

Cette lentille n'est fabriquée qu'en vitre. Ce matériau étant plus dense, l'épaisseur de la lentille sera moindre que celle d'une lentille conventionnelle de même force, car elle est plus "efficace". Cette lentille, pour des raisons esthétiques, constitue un excellent choix dans les cas de forte myopie (À partir de —4.00D). Elle est aussi employée pour des prescriptions de myopie moyenne (de —2.00D à —4.00D)

Différence d'épaisseur entre deux lentilles de même puissance. À droite: plastique; à gauche, vitre à haut indice.

5. La lentille durcie

Ce procédé, qui rend la vitre plus résistante aux chocs, est appelé *trempe*. Il existe deux sortes de trempe: la trempe thermique réalisée à l'aide de la chaleur et la trempe chimique, où l'on soumet la lentille à un échange d'ions.

31

Pour être efficace, ce procédé doit être appliqué à une lentille qui n'est ni rayée, ni ébréchée. Après l'opération, la lentille résistera à une bille d'acier de 1 cm de diamètre qui tombe d'une hauteur de 1,25 m. Les lentilles de vitre pour enfants devraient toujours être soumises à ce procédé car, en cas de bris, les éclats de verre sont moins pointus.

Il ne faut jamais oublier que, même durcie, la lentille de vitre n'est ni incassable, ni à l'épreuve de l'éclatement.

6. La lentille antireflet

Ce procédé s'applique, en surface, sur une lentille de vitre ou de plastique. On retrouve deux types de traitement antireflets: le monocouche et le multicouche.

La version monocouche atténue les reflets mais ne les élimine pas complètement. La version multicouche élimine les reflets mais coûte plus cher. Le multicouche donne l'impression au porteur, ainsi qu'à ceux qui le regardent, qu'il n'a pas de lentilles devant les yeux.

La seule difficulté rencontrée par les patients avec l'antireflet multicouche provient du nettoyage un peu plus difficile. La moindre tache devient fort gênante sur une lentille sans reflet. Un truc: nettoyez la lentille avec un nettoyant à vitre, c'est efficace et peu coûteux.

Un antireflet multicouche permet d'éliminer les reflets (lentille de droite). Comme les doigts derrière ces lentilles, vos yeux se verront mieux avec une lentille sans reflets.

7. La monture

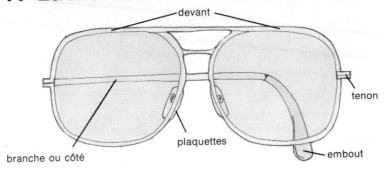

devant

tenon

plaquettes

branche ou côté

embout

a) Ajustement

Une monture doit être ajustée en fonction de l'esthétique et du confort.

Les plaquettes qui reposent bien sur les côtés du nez sont la preuve d'un bon ajustement.

Le haut de la monture doit se trouver au niveau des sourcils et le bas, au niveau des pommettes. La monture doit dégager les sourcils afin de permettre à l'air de circuler, évitant ainsi que les lentilles ne s'embuent. Elle ne doit pas toucher aux pommettes afin d'empêcher, à chaque sourire, que la monture ne remonte.

La monture doit bien appuyer sur le haut et les côtés du nez.

33

Un bon ajustement: la monture arrive aux sourcils et aux pommettes. Les plaquettes appuient sur le nez, et la largeur de la monture équivaut à la largeur de la tête. Les branches doivent être d'une longueur adéquate.

La monture doit bien reposer sur le haut et les côtés du nez sauf si elle est munie de plaquettes. Dans ce cas, ces dernières doivent être bien ajustées sur le nez pour ne pas le blesser.

Les branches doivent permettre un bon ajustement derrière les oreilles.

Pour les enfants et les personnes ayant les yeux rapprochés, la longueur du tenon (bout débordant où se rattache la branche) permettra de choisir une monture plus étroite.

Pour les enfants et les personnes ayant les yeux rapprochés, la longueur du tenon (voir flèche) qui déborde permet de choisir une monture plus étroite.

b) choix

Il n'est pas conseillé, dans le choix d'une monture, de vouloir suivre la mode au détriment de ses besoins ou de ses goûts.

Les forts myopes devraient éviter les grandes montures car une grande lentille est épaisse et lourde à porter.

Ceux qui ont besoin d'un double foyer devraient éviter les petites montures car elles ne laissent pas beaucoup de place pour le double foyer.

Votre goût vous guidera aussi dans le choix d'une monture. Même si la mode est aux couleurs vives, si vous préférez les couleurs pastel, orientez votre choix en conséquence. Beaucoup d'hommes portent des montures de métal, mais si vous préférez une monture en plastique, choisissez-la. Vous serez plus satisfait et vous ne le regretterez pas.

c) Remarques particulières

Les asiatiques, les gens de race noire et certains enfants n'ont pas une arête nasale très proéminente. La meilleure solution peut consister, alors, en une monture avec plaquettes, puisque celles-ci permettent un meilleur ajustement. Elles empêchent la monture de tomber sur les joues, ce qui est presque inévitable avec une monture de plastique.

Un astigmate devrait éviter de choisir une monture ronde dans laquelle la lentille peut tourner. Si l'on insiste néanmoins pour avoir ce type de monture, une marque devrait être faite sur le bord de la lentille afin qu'on puisse la replacer si celle-ci tourne.

Les forts myopes ont tout avantage à choisir une monture qui permet de cacher, en partie, l'épaisseur au bord. Une monture de plastique leur conviendra donc mieux qu'une monture de métal.

TABLEAU SYNTHÈSE DES LENTILLES DE LUNETTES DISPONIBLES

	résistance à l'abrasion	poids	épaisseur au bord	résistance aux chocs	teinte fixe	teinte variable	double foyer	lentille à haut indice	durcie	antireflet
vitre	bonne	élevée selon la prescription	moindre que le plastique	moindre sauf si durcie	toutes	oui	tous	oui	oui	oui
plastique	faible sauf si traité	faible	plus élevée	bonne	toutes	oui *	tous	non	non	oui

* couleur plus ou moins satisfaisante

CHAPITRE IV
Les lentilles de contact

Est-ce que je peux porter des lentilles de contact? Voilà une question que vous vous êtes peut-être déjà posée! La réponse n'est pas aussi simple que vous ne le croyez. Un examen approfondi est requis avant de pouvoir poser un diagnostic précis sur votre cas.

On effectue d'abord l'examen optométrique général, puis le praticien vous fait passer un examen spécifique pour les lentilles de contact. Il faut prendre les courbures de votre cornée, vérifier votre état de santé général et oculaire, connaître les allergies pouvant provoquer des symptômes oculo-visuels, examiner votre système lacrymal (quantité et qualité des larmes) et la régularité de votre clignement, mesurer différents paramètres oculaires, tels que les diamètres de la cornée et de la pupille, la grandeur de l'ouverture palpébrale, et enfin déterminer quel est le trouble dont vous souffrez. Il faudra ensuite s'enquérir de plusieurs petits détails importants, tels que l'environnement dans lequel vous évoluez (par exemple, une chaleur excessive ou un milieu poussiéreux seront mal tolérés par les porteurs de len-

On mesurera la courbure de votre cornée au cours de l'examen pour vos lentilles de contact.

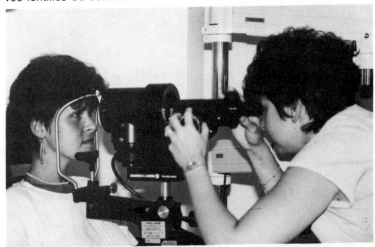

Un bouton de plastique à partir duquel sera fabriquée une lentille de contact.

tilles de contact), vos loisirs et votre détermination, qui est un facteur essentiel à l'adaptation. Il faudra aussi s'assurer que vous ayez l'habileté nécessaire pour manipuler les lentilles et que vous acceptiez le fait que certaines contraintes sont reliées au port de lentilles de contact.

Ce n'est qu'après cet examen que l'on pourra savoir si, oui ou non, les lentilles de contact vous conviennent. La plupart des troubles de la vision peuvent être corrigés par des lentilles de contact, mais pas nécessairement par tous les types de lentilles. Le choix de la lentille doit donc se faire en fonction de l'examen que vous aurez subi. Il ne faut pas oublier que tous les yeux ne s'adaptent pas aussi facilement aux lentilles de contact. La sensibilité de la cornée varie d'une personne à l'autre, et, dans certains cas, une sensibilité très grande pourra empêcher toute adaptation aux lentilles. Il existe aussi des contre-indications à leur port (allergies, yeux secs, maladies de l'oeil), d'où l'importance d'un examen complet avant l'essai de ces "petits disques de plastique" dans vos yeux.

1. Pourquoi des lentilles de contact?

a) Avantages

- Les lentilles de contact offrent une meilleure correction que des lunettes. La lentille de contact étant posée directement sur l'oeil, on élimine la distorsion des images; dans les cas de forte myopie, par exemple, l'image perçue sera plus nette. De plus, en éliminant la distance entre l'oeil et la lentille, on élimine les variations de grandeur de l'image qui pourraient se produire, par exemple chez les patients dont les yeux requièrent des lentilles différentes l'une de l'autre. La correction dans ce cas aussi sera meilleure avec des lentilles de contact qu'avec les lunettes conventionnelles.

- Le champ visuel est augmenté (puisqu'il n'est pas restreint par la monture).
- L'aspect esthétique est avantagé.
- Les lentilles ne causent pas d'inconfort au nez ou derrière les oreilles.
- Elles se montrent plus pratiques pour faire du sport et pour les personnes pratiquant certaines professions, telles, par exemple, les athlètes, les photographes ou les comédiens.

b) Désavantages

- Il y a une période d'adaptation.
- Il faut faire de fréquentes visites chez l'optométriste, surtout au début.
- Elles exigent un entretien rigoureux.
- Si la température ambiante et l'humidité relative sont inadéquates; le confort visuel et oculaire se trouve réduit.

c) Mythes

Certains mythes reviennent fréquemment sur le tapis quand on parle des lentilles de contact:

- *Le port de la lentille est douloureux car elle est directement posée sur l'oeil!* La lentille repose sur une couche de larmes, elle ne touche donc pas directement la cornée.
- *La lentille peut se déplacer et se retrouver derrière le globe oculaire.* La lentille ne peut en aucun cas se déplacer ailleurs que sur la conjonctive (partie blanche de l'oeil) qui se rattache aux paupières.

- *Le contact du doigt avec la surface du globe oculaire peut causer de la douleur.* La conjonctive n'est pas plus sensible que la peau, la manipulation des lentilles n'est donc qu'une question d'habitude.

2. Les différents types de lentilles de contact

Le nombre de porteurs de lentilles de contact augmente régulièrement, l'industrie de la lentille est en constante croissance. Il existe donc différents types de lentilles de contact sur le marché, dont voici une liste:

LENTILLES DURES • Rigides;
  • Semi-rigides (ou perméables aux gaz).

LENTILLES SOUPLES • Port quotidien;
  — conventionnelles;
  — toriques;
  — bilentilles (double-foyer);
  • Port prolongé.

Nous allons essayer, sous forme de tableau, de comparer les propriétés de ces différentes lentilles de contact.

À gauche, une lentille de contact rigide et, à droite, une lentille de contact souple.

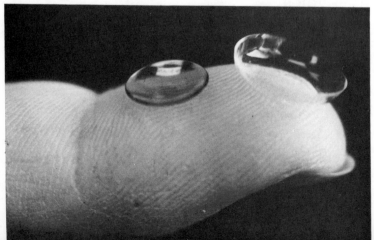

LENTILLES DE CONTACT DURES

	Rigides	Semi-rigides
Caractéristiques	• non flexibles • imperméables à l'oxygène	• plus flexibles • perméables à l'oxygène (la cornée peut mieux respirer)
Adaptation	• période d'adaptation la plus longue (moyenne de 4 à 6 semaines)	• période d'adaptation moyenne: 3 semaines
Port	• on doit les porter tous les jours	• on doit les porter quotidiennement
Confort	• confort réduit au début	• bon (moins rigide sous la paupière)
Correction	• correction excellente	• correction excellente
Stabilité dans l'oeil	• se déloge plus facilement que les lentilles souples	• même chose
Modifications	• peuvent être polies • variation possible de la puissance	• même chose • variation possible de l'ordonnance
Durée de vie	• matériau résistant: peut durer 5 ans et plus	• durée moyenne: 2 ans et plus (durée entre celles des lentilles rigides et des lentilles souples)
Entretien	• quotidien: réduit par rapport aux autres types	• entretien quotidien et hebdomadaire
Teintes	• disponibles en plusieurs teintes	• même chose
Prix moyen	• les moins coûteuses: 100$ et plus	• plus coûteuses que les rigides: 175$ et plus

LENTILLES DE CONTACT SOUPLES

	Contenu en eau (moyen) Port quotidien: 55 p. 100 et moins	Contenu en eau (moyen) Port prolongé: 55 p. 100 et plus
Caractéristiques	• flexibles • perméables à l'oxygène	• flexibles • la plus grande perméabilité à l'oxygène
Adaptation	• courte: en moyenne une semaine	• très courte
Port	• port intermittent possible	• port recommandé: une semaine
Confort	• plus grand qu'avec les lentilles dures (épousent la forme de l'oeil);	• même chose

Correction	• bonne correction de certains problèmes visuels	• même chose
Stabilité dans l'oeil	• difficiles à déloger accidentellement	• même chose
Modification	• aucune modification possible	• même chose
Durée de vie	• plus fragile que les lentilles dures: durée moyenne: de 18 à 24 mois	• lentilles plus fragiles et possibilité de dépôts: durée moyenne de 6 mois à 1 an
Entretien	• entretien quotidien très rigoureux et entretien hebdomadaire	• entretien rigoureux mais moins fréquent
Teintes	• choix de teintes limité	• teintes pour certaines lentilles seulement
Prix moyen	• plus coûteuses que les lentilles dures: 175$ et plus	• plus coûteuses que les lentilles à port quotidien: 250$ et plus

3. Le choix de la lentille de contact

La *myopie* ou l'*hypermétropie* simples (voir chapitre 2) peuvent être corrigées par tous les types de lentilles, alors que, dans d'autres cas, une lentille spéciale s'impose.

Les *astigmates* (voir chapitre 2) se verront obligés de choisir une lentille de contact dure, ou alors une lentille souple (*torique*) pour avoir une vision claire et nette. Les lentilles de contact rigides et semi-rigides placées sur une surface irrégulière telle que la cornée d'un oeil astigmate compenseront les irrégularités de celle-ci en s'appuyant sur la couche de larmes qui sera formée entre la lentille et la cornée. Par ailleurs, les lentilles souples standard épousent la forme de la cornée et ne corrigent donc pas les irrégularités telles que l'astigmatisme. Au contraire, les lentilles souples *toriques* (avec deux puissances différentes), sont conçues pour s'adapter à la courbure irrégulière de l'oeil astigmate: de plus, elles sont généralement alourdies dans le bas afin de maintenir leur position dans l'oeil et de corriger la vision dans les deux axes. Ce type de correction étant plus complexe, les lentilles sont plus coûteuses et le pronostic dans certains cas ne sera pas aussi bon.

Les *presbytes* (voir chapitre 2) doivent choisir une lentille bifocale (double foyer) pour corriger adéquatement ce défaut. Ces lentilles seront donc composées de deux prescriptions distinctes, une pour la vision de loin et une pour la vision de près. De telles lentilles de contact sont aussi disponibles en versions dure ou souple, mais il faut compter une période d'adaptation assez considérable. Il faut aussi, dans plusieurs cas, s'attendre à une légère réduction de l'acuité visuelle par rapport à des lunettes de même force. Ces lentilles de contact bifocales, comme les précédentes, exigent un mode de fabrication complexe et coûtent donc plus cher que des lentilles ordinaires.

En plus du type de correction requis selon le trouble dont vous souffrez, on doit tenir compte de la nature de votre travail ainsi que de celle de vos loisirs dans le choix de la lentille de contact qui vous conviendra le mieux. Par exemple, si vous travaillez dans un milieu où règne une chaleur intense, les lentilles souples s'assécheront et deviendront vite une cause d'inconfort. Par contre, si vous êtes un athlète, vous aurez avantage à choisir des lentilles souples car elles adhèrent mieux à l'oeil.

Dans tous les cas, un bon ajustement est la clé du succès. Une lentille bien ajustée ne présente aucun risque de dommage à l'oeil, permet le maintien de l'intégrité physiologique de votre oeil et vous apporte un bon confort visuel. Il y a toujours possibilité d'abrasion, de blessures à la cornée, d'oedème cornéen (gonflement des tissus) si l'ajustement est inadéquat, si vos lentilles sont mal nettoyées ou si elles sont portées trop longtemps. Il faut donc respecter l'horaire de port de vos nouvelles lentilles de contact et les entretenir soigneusement. 43

4. L'entretien

L'entretien de vos lentilles de contact est essentiel pour votre confort et votre sécurité. Des lentilles mal entretenues peuvent devenir un milieu de culture favorable au développement des bactéries. De plus, une lentille mal entretenue se détériorera beaucoup plus rapidement. Il est donc bien important de comprendre les recommandations du praticien quant au nettoyage de vos lentilles et de vous y conformer.

Il existe sur le marché plus de 70 produits d'entretien différents: bien que plusieurs solutions de marques différentes soient plus ou moins interchangeables, certaines ne le sont pas et pourraient endommager vos lentilles. Il faut donc suivre la règle suivante: **Ne jamais mélanger des solutions de marques différentes.**

Le système d'entretien que vous utiliserez sera choisi selon votre type de lentilles (les solutions pour lentilles rigides ne peuvent servir pour les lentilles souples et vice versa), l'efficacité du système ou d'éventuelles réactions allergiques. Il ne faudra donc pas, par la suite, acheter des solutions en fonction de leur disponibilité au moment de l'achat. Il ne faudra pas non plus se contenter de suivre à peu près les instructions données: pour être efficace, le système doit être appliqué au complet. Si les solutions sont mal utilisées, cela pourrait entraîner certains problèmes tels que des infections de l'oeil, de

De gauche à droite: système d'aseptisation chimique pour lentille de contact souple, système au peroxyde d'hydrogène pour lentille de contact souple et système chimique pour lentille de contact rigide.

l'irritation ou la détérioration de la lentille. De plus, il faut toujours se laver les mains avant de manipuler les lentilles de contact.

a) L'entretien des lentilles dures

L'entretien complet de ces lentilles comprend trois phases.

1. Le nettoyage (surfactant)

La solution de nettoyage permet d'enlever les dépôts accumulés sur la lentille. Le nettoyage des lentilles doit se faire immédiatement après les avoir retirées. Il faudra bien rincer les lentilles par la suite, car les nettoyeurs causeront une irritation de l'oeil.

2. Le trempage

Les lentilles doivent tremper toute la nuit dans une solution désinfectante. La solution doit être changée tous les jours.

3. Le mouillage

La solution mouillante enrobe la lentille, diminuant ainsi la friction entre la lentille de contact et la cornée au moment de l'insertion dans l'oeil. La sensation de corps étranger dans l'oeil se trouve donc diminuée.

Ces trois opérations doivent être accomplies quotidiennement. Dans le cas des lentilles **semi-rigides**, à l'entretien journalier il faudra parfois ajouter l'utilisation hebdomadaire d'un *déprotéinant* (solution enzymatique) pour déloger certains débris accumulés sur les lentilles.

Bien qu'ayant les mêmes effets, les solutions utilisées pour les deux types de lentilles de contact dures sont de composition différente.

b) L'entretien des lentilles souples

Il existe deux types d'aseptisation pour les lentilles souples.

1. L'aseptisation thermique

La lentille de contact est nettoyée à l'aide d'un surfactant, puis rincée à fond avec une solution saline et 45

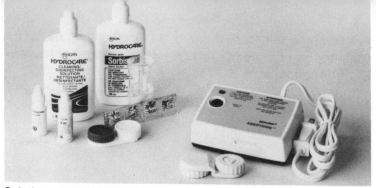

Solutions pour lentilles de contact souples et, à droite, appareil servant à l'aseptisation thermique (à la chaleur).

enfin soumise à une chaleur intense. On fait bouillir les lentilles pendant un temps déterminé dans un appareil spécial. Il est à noter que ce procédé ne convient pas aux lentilles souples à port prolongé. La popularité de cette méthode a diminué depuis quelques années, on lui préfère le système suivant:

2. L'aseptisation chimique

Ce procédé consiste à nettoyer d'abord les lentilles avec un nettoyeur quotidien, à les rincer à fond, puis à les faire tremper dans une solution désinfectante pour la nuit. Avant la réinsertion dans l'oeil, la lentille doit être rincée encore une fois pour éviter toute irritation. Quoique la plus répandue, cette méthode présente toujours un certain risque de réaction allergique aux préservatifs utilisés dans les différentes solutions.

Tout comme pour les lentilles semi-rigides, il faudra en plus utiliser un déprotéinant pour rendre le nettoyage complet.

Il existe aussi depuis quelques temps un système d'aseptisation au **peroxyde d'hydrogène** qui permet une diminution du nombre d'étapes dans la manipulation ainsi qu'une réduction du temps de désinfection. On utilise d'abord un surfactant pour nettoyer la lentille, puis une solution à base de peroxyde qui permet une désinfection complète, la dernière étape consiste à utiliser un agent de neutralisation avant l'insertion dans l'oeil.

Pendant le port des lentilles de contact, l'utilisation

de gouttes de mouillage (gouttes de confort) peut se

révéler nécessaire, surtout si vous travaillez dans un milieu poussiéreux ou très sec. Si certains symptômes tels que la sécheresse, une vision légèrement trouble ou un malaise léger se manifestent, ces gouttes, qui ont une action lubrifiante et mouillante, faciliteront le port de vos lentilles.

Quel que soit le système choisi, il n'y a pas de place pour la négligence dans l'entretien de vos lentilles de contact. Les complications causées par des lentilles de contact résultent souvent d'une négligence de la part des patients et du non-respect des instructions données. Il est important aussi de tenir compte de la date d'expiration indiquée par le manufacturier sur les différents emballages: au-delà de cette date, utiliser les solutions pourrait entraîner des complications telles que la contamination ou la décoloration de vos lentilles.

C) En résumé

LENTILLES RIGIDES
- nettoyage;
- rinçage;
- trempage;
- mouillage;
- gouttes de confort au besoin.

LENTILLES SEMI-RIGIDES:
- nettoyage;
- rinçage;
- trempage;
- mouillage;
- déprotéinant (une fois par semaine);
- gouttes de confort au besoin.

LENTILLES À PORT QUOTIDIEN:
- nettoyage;
- rinçage;
- aseptisation — thermique;
  — chimique;
- rinçage;
- déprotéinant (une fois par semaine);
- gouttes de confort au besoin.

47

LENTILLES À PORT PROLONGÉ:
- nettoyage;
- rinçage;
- aseptisation chimique;
- rinçage;
- déprotéinant au besoin;
- gouttes de confort au besoin.

5. La manipulation

La manipulation des lentilles de contact peut sembler un peu difficile au début, mais ce n'est qu'une question d'"entraînement". Assurez-vous que le spécialiste vous montre comment les mettre et comment les enlever avant de quitter le bureau. Après quelques semaines, l'insertion et l'enlèvement de vos lentilles ne seront plus qu'une question de quelques minutes par jour.

a) L'insertion

Lentilles souples

1. Bien se laver les mains et les rincer à fond sinon vous risquez de déposer des saletés sur vos lentilles;
2. Retirer la lentille du contenant (toujours commencer par la même lentille, que ce soit la droite ou la gauche);
3. Rincer la lentille avec une solution saline (surtout si l'on est allergique à la solution de trempage) et placer celle-ci sur le bout de votre index (le droit si vous êtes droitier et vice versa). Assurez-vous que votre index soit bien sec afin que la lentille ne colle pas à votre doigt.

Pose d'une lentille de contact souple.

4. Avec la main gauche (pour le droitier) retenez la paupière supérieure (et non le sourcil) et, avec le majeur de la main droite, retenez la paupière inférieure.

5. Devant un miroir, aligner la lentille de contact entre les paupières, puis regarder vers le haut et déposer la lentille sur l'oeil. Dès que la lentille est en place, diriger lentement le regard vers le bas et relâcher les paupières. Si la lentille de contact s'écrase sur votre doigt, c'est que vous avez appuyé trop fort.

6. Frotter doucement votre paupière supérieure si des bulles ont tendance à rester sous la lentille de contact.

7. S'assurer que la lentille de contact est bien en place. Couvrir l'autre oeil et vérifier si la vision est bonne. Dans la négative, votre lentille est peut-être mal insérée ou est tout simplement restée sur votre doigt.

8. Voir si la lentille n'est pas restée collée à votre index ou si elle n'est pas tombée sur la table ou par terre.

Une lentille de contact souple se déplace très rarement. Si cela venait à se produire, vous pouvez quand même vérifier si vous la voyez sur la conjonctive de votre oeil et la replacer en la poussant doucement.

9. Répéter les mêmes opérations pour l'autre oeil. Si, après une quinzaine de minutes, il y a inconfort ou que la lentille "gratte", c'est sûrement parce qu'elle a été insérée à l'envers. Enlevez-la, retournez-la, rincez-la au besoin et remettez-la de nouveau.

Endroit: envers:

Lentilles rigides

1. à 4. Même façon de procéder que pour les lentilles souples;

5. Déposer la lentille directement sur la cornée, en se regardant dans un miroir.

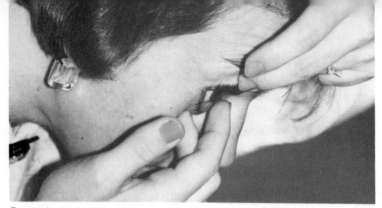

Pose d'une lentille rigide: il faudra la placer directement sur votre cornée.

6. Si, au début, la lentille cause de l'inconfort, regarder vers le bas puis relâcher doucement les paupières. Quand vous dirigez votre regard vers le bas, la lentille de contact dure cause moins d'inconfort car la pression exercée par la paupière supérieure est moindre. Quand vous vous sentez bien, relevez les yeux.

7. Vérifier si la lentille est bien en place de la même façon que pour les lentilles souples.

8. Si la vision est inadéquate, regarder si la lentille n'est pas tombée sur la table. Si ce n'est pas le cas, elle doit se trouver sur votre oeil, mais ailleurs que sur la cornée. Si vous ne la sentez pas, cherchez-la du côté du nez ou du côté de la tempe, sur la conjonctive. Si vous la repérez, retirez-la de l'endroit où elle se trouve en dégageant la conjonctive, c'est-à-dire en regardant du côté opposé.

9. Si elle n'est ni à droite ni à gauche, elle se cache peut-être sous votre paupière inférieure. Il faut alors la pousser doucement à l'aide de la paupière du côté nasal ou temporal et l'enlever.

Si elle est emprisonnée sous la paupière supérieure, soulever celle-ci en se regardant dans un miroir, la tête inclinée légèrement vers l'arrière, comme en **9.**.

Puisque la lentille de contact dure ne se déforme pas, il faut éviter de la pousser directement sur la cornée car vous risqueriez d'endommager celle-ci. Par contre, si, quand on essaye de l'enlever, la lentille se replace d'elle-même sur la cornée, vous ne courez aucun risque car la lentille aura été soulevée et reposera sur vos larmes.

10. Répéter les mêmes opérations pour l'autre lentille.

b) Le retrait

lentilles souples

1. Se laver les mains, vider l'étui à lentilles, bien le rincer et le remplir de solution fraîche. La solution doit être changée après chaque utilisation, c'est-à-dire tous les jours pour ceux qui portent leurs lentilles quotidiennement.

2. Devant le miroir, tirer la paupière inférieure avec le majeur et retenir la paupière supérieure de l'autre main. Appuyer doucement l'index sur le bord inférieur de la cornée.

3. Regarder vers le haut et tirer la lentille vers le bas sur la conjonctive. Pincer délicatement la lentille entre le pouce et l'index et la retirer. Si elle semble "coller" à l'oeil, appliquer une goutte de confort, attendre une minute et essayer à nouveau. Souvent, ce problème est dû à l'assèchement de la lentille au cours de la journée. La goutte de confort permet alors de la réhydrater.

4. Après avoir enlevé la lentille de contact, la nettoyer soigneusement, la rincer et la laisser

Pour enlever votre lentille souple, pincez-la entre le pouce et l'index.

tremper toute la nuit dans de la solution fraîche. Avant de refermer le contenant, s'assurer que vos lentilles soient bien placées, afin de ne pas les briser en refermant l'étui. Bien suivre les instructions de votre praticien ou du manufacturier en ce qui concerne les solutions.

5. Procéder de la même façon pour l'autre lentille.

Lentilles rigides

1. Même processus que pour les lentilles souples.
2. Devant le miroir, appuyer l'index d'une main au bord des cils de la paupière supérieure et l'index de l'autre main sur le bord des cils de la paupière inférieure. Bien appuyer afin d'éviter que les paupières ne se "retroussent" et que la lentille ne glisse sous celles-ci.
3. Écarter un peu les paupières afin de dégager complètement la lentille de contact puis les refermer en exerçant une pression avec les doigts sur le bord des cils de façon qu'elles passent sous la lentille et la soulèvent. Prendre soin d'aligner vos doigts en haut et en bas avec le centre de la lentille afin d'éviter que celle-ci ne glisse vers la droite ou la gauche. Votre lentille de contact se déposera alors sur votre index, collera à vos cils ou tombera sur votre table de travail ou dans l'évier (que vous aurez eu soin de boucher).
4. et 5. Comme pour les lentilles souples.

Retrait d'une lentille rigide.

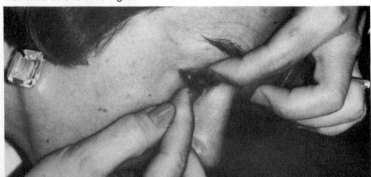

52

Si vous éprouvez de la difficulté à insérer ou à enlever vos lentilles de contact, votre praticien pourra vous donner des petits trucs ou vous expliquer différentes façons de procéder qui vous aideront. Mais n'oubliez pas que vous acquerrez une certaine dextérité avec le temps.

6. Les lentilles de contact et

le soleil

Les lentilles rendent les yeux sensibles à la lumière et le port de lunettes de soleil est souvent obligatoire.

La teinte

Les lentilles de contact teintées ne remplacent pas les lunettes de soleil. Elles rehaussent la couleur naturelle des yeux, tout en facilitant la manipulation, car les lentilles teintées sont plus faciles à repérer si on les laisse tomber ou si on les perd.

Le maquillage

- Il est préférable que le maquillage soit appliqué après la mise en place des lentilles;
- Il faudra éviter les traits de crayon sur le bord intérieur de la paupière inférieure;
- Le fard à paupières brillant peut abîmer la lentille et même la cornée;
- Utiliser un mascara à base d'eau;

À gauche: lentille rigide teintée. À droite: lentille souple teintée; la périphérie est claire car elle reposera sur la conjonctive.

- Toujours fermer les yeux si on utilise un fixatif pour les cheveux, car le produit est irritant et peut de plus se déposer sur la lentille;
- Des débris de maquillage dans les larmes peuvent salir les lentilles de contact.

La grossesse

Les perturbations du système hormonal qu'amène la grossesse rendent les yeux plus fragiles, et ces derniers supportent moins bien les lentilles de contact. Il est donc possible de devoir interrompre le port des lentilles durant cette période pour ne le reprendre qu'après l'accouchement. L'utilisation de contraceptifs oraux peut avoir des effets similaires.

L'âge

L'âge n'est pas un facteur déterminant en ce qui concerne le port des lentilles de contact mais, chez un enfant, la détermination fait souvent défaut. De plus, la manipulation et l'entretien posent parfois de sérieuses difficultés aux plus jeunes.

La baignade

Il vaut mieux enlever les lentilles pour nager, même s'il s'agit de lentilles à port prolongé, car il y a risque de contamination par les bactéries ou les minéraux contenus dans l'eau.

Le sommeil

Il ne faut **jamais** dormir avec ses lentilles de contact à moins que ce ne soient des lentilles à port prolongé, sinon les yeux sont privés d'oxygène, ce qui entraîne des complications comme la photophobie (sensibilité excessive à la lumière), des douleurs oculaires et l'oedème cornéen. Si cela venait à vous arriver, il faudrait hydrater la lentille de contact avec une solution avant de la retirer de votre oeil, puis contacter votre spécialiste immédiatement.

La sécurité

Les lentilles de contact assurent aux yeux une protection relative, mais ne peuvent remplacer les verres

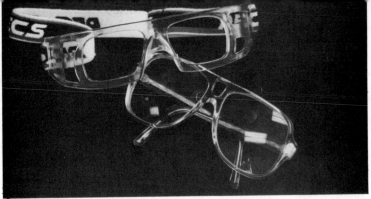

Lunettes de protection pour les sports.

protecteurs conventionnels. Dans des sports tels que le hockey, le tennis, etc., les lunettes protectrices conventionnelles sont fortement recommandées.

Les poussières

Une poussière qui se loge entre l'oeil et la lentille peut être une cause de douleur. Il faut alors enlever et nettoyer la lentille avant de la replacer dans l'oeil. Si l'irritation persiste, il est possible que la poussière ait causé une abrasion à la cornée, consultez alors votre spécialiste avant de reprendre le port des lentilles.

L'horaire de port

Il est important de respecter l'horaire de port pour faciliter l'adaptation durant les premières semaines.

Le coût

Le coût des lentilles de contact peut varier de 100$ à 400$ et même plus, selon le type. Ceci inclut l'ajustement, les visites subséquentes, les lentilles, les services professionnels, la trousse d'entretien de départ et les instructions quant à la manipulation et à l'entretien.

Il faudra aussi penser au coût des produits d'entretien qui peut s'élever à environ 150$ annuellement.

Les ennuis

Les ennuis les plus fréquemment rencontrés sont:
- la rougeur des yeux;
- le larmoiement;

- des douleurs plus ou moins violentes;
- des éblouissements;
- une vision brouillée.

La plupart de ces problèmes sont dus à un mauvais ajustement, à un port trop long, à un entretien inadéquat ou à une réaction allergique à certains produits utilisés. Si l'ajustement est inadéquat, qu'il y a accumulation de débris sur la lentille ou que la lentille est portée trop longtemps, et que l'apport d'oxygène à la cornée est sous le seuil de tolérance, il y aura alors développement des vaisseaux en périphérie de la cornée pour compenser ce manque d'oxygène. Il se peut aussi que la lentille soit rayée ou endommagée (dans le cas des lentilles dures), ou encore déchirée (dans le cas des lentilles souples); il faudra alors prescrire une nouvelle lentille. Si ces problèmes persistent après la période d'adaptation, ou s'ils apparaissent subitement, il faut interrompre le port des lentilles et voir votre praticien immédiatement. Il est le seul à pouvoir établir la cause exacte du problème et y apporter une solution adéquate. De plus, certains problèmes ne peuvent être perçus que par l'optométriste (et non par le porteur), d'où l'importance des examens de contrôle.

Les examens de contrôle

Les examens de contrôle sont essentiels pour un bon suivi. La fréquence de ces examens varie en fonction du type de lentilles et des particularités de chaque cas. Trois examens de contrôle, au minimum, devraient avoir lieu durant la première année; par la suite, tous les porteurs de lentilles de contact doivent subir un *examen annuel* complet.

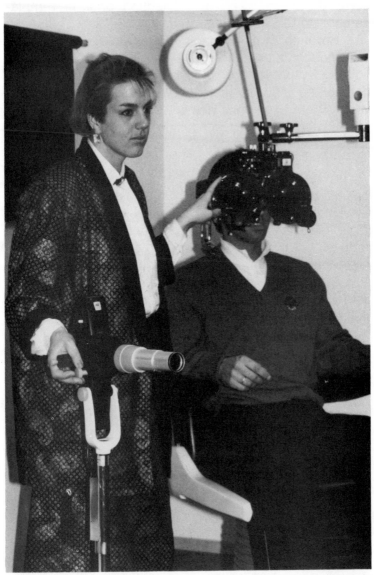

Un examen visuel complet permettra d'établir avec précision l'état de votre système oculaire.

Les assurances

Les porteurs de lentilles de contact peuvent se procurer différents types de protection pour le remplacement de leurs lentilles.

Certains professionnels offrent un contrat de service moyennant des frais de base annuels. Ces contrats vous donnent le droit de remplacer vos lentilles de contact en n'ayant qu'un déductible à payer. Ceux-ci vous offrent également des services professionnels, tels que la vérification des lentilles de contact, la modification de la prescription, le contrôle des paramètres, etc. Les termes de ces contrats varient d'un bureau à l'autre.

Il faut remarquer que ces contrats de service ne sont pas offerts par tous et ne sont pas transférables d'un professionnel à un autre. Par ailleurs, il est possible que votre professionnel vous offre, sans contrat, des prix réduits pour le remplacement de vos lentilles de contact.

Vous pouvez aussi contracter une assurance auprès de certains courtiers. À ce moment, le principe est le même que pour vos autres assurances. La prime doit être payée annuellement et le déductible est fonction du type de lentilles de contact que vous possédez.

CHAPITRE V
La rééducation visuelle

Certains troubles oculo-visuels ne peuvent être traités uniquement avec des lunettes ou des lentilles de contact: il faut parfois avoir recours à la rééducation visuelle, aussi appelée orthoptique, comme moyen thérapeutique complémentaire. Le but de l'orthoptique est de rétablir une vision binoculaire (*i.e.* des deux yeux) normale à l'aide *d'exercices d'entraînement visuel* faits à la maison et au bureau de l'optométriste.

Il faut comprendre que la détermination du patient à suivre le traitement est de la plus grande importance, car les exercices doivent être faits de façon régulière (à raison de 20 à 30 minutes par jour) pour être efficaces.

Voyons donc les *principaux problèmes* qui peuvent être traités par la rééducation visuelle.

1. Les hétérophories

Les hétérophories sont des troubles de l'équilibre oculo-moteur où les yeux ont tendance à dévier de leur position normale. S'ils ont tendance à converger, il s'agit

Différents instruments de rééducation visuelle.

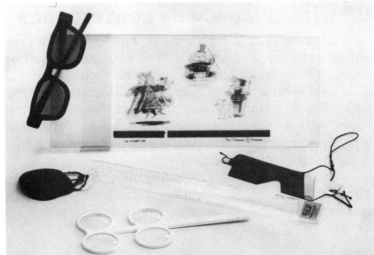

d'*Ésophorie* et s'ils ont tendance à diverger nous sommes en présence d'*Exophorie.*

Le sujet peut conserver une vision binoculaire normale, mais si l'effort accompli pour maintenir les yeux droits est trop grand, cela entraînera certains signes fonctionnels tel que de la fatigue oculaire, les yeux rouges, des maux de tête, de la gêne à la lecture, des vertiges et de la diplopie occasionnelle (vision double). Les symptômes dépendent de l'importance de la déviation, du genre de travail et de l'état physique général (fatigue, surmenage) de la personne. S'il n'y a aucun signe fonctionnel, il n'y a pas de raison d'entreprendre un traitement, mais si un ou plusieurs signes sont présents, un traitement de rééducation visuelle pourra être envisagé.

Dans tous les cas, la première chose à faire est de corriger adéquatement tout problème visuel présent à l'aide de lunettes ou de lentilles de contact. On donnera ensuite au patient une série d'exercices à faire à la maison, des exercices de divergence dans les cas d'ésophorie et des exercices de convergence dans les cas d'exophorie. Les exercices peuvent être nombreux et seront choisis en fonction des intérêts et de l'âge du patient.

Le traitement prend fin lorsque le patient peut maintenir ses yeux en position normale et que les symptômes subjectifs ont disparu.

2. L'insuffisance de convergence

Dans ce cas, le sujet a de la difficulté à faire converger ses yeux; par exemple, il ne peut suivre avec les deux yeux un objet que l'on approche de son nez.

Cela peut entraîner une vision brouillée de près, une gêne à la lecture, des maux de tête et des larmoiements (les yeux coulent). Une série d'exercices divers pourront alors être prescrits au patient pour l'aider à surmonter cette déficience.

Les hétérophories et l'insuffisance de convergence sont les deux problèmes qui permettent le meilleur pronostic en rééducation visuelle.

Si les exercices sont faits quotidiennement à la maison, le traitement peut durer en moyenne deux mois. Pendant ce temps, le patient rend une visite par semaine au spécialiste pour que celui-ci puisse contrôler les progrès accomplis et pour modifier les différents exercices en fonction de ces derniers.

3. L'amblyopie

Comme nous l'avons expliqué précédemment (voir chapitre 2), nous parlons d'amblyopie quand l'acuité visuelle d'un des deux yeux se trouve réduite. Si la cause de cette réduction de l'acuité visuelle est pathologique, aucun traitement orthoptique ne pourra être envisagé; par contre, si aucune lésion organique n'explique la baisse de vision, il sera possible d'entreprendre un traitement. Ce dernier demandera beaucoup de persistance et d'efforts, et l'augmentation de l'acuité visuelle dépendra en grande partie de l'âge du patient au début du traitement, de sa détermination à faire les exercices et des traitements antérieurs qu'il a reçus. On sera le plus optimiste si le traitement est entrepris vers l'âge de cinq à neuf ans, alors que le patient jouit d'assez de maturité pour bien comprendre les exercices et qu'il est encore assez jeune pour que son système visuel soit malléable.

La première chose à faire, dans ce cas aussi, consiste à corriger tout défaut de vision présent avec des lentilles. Le traitement par la rééducation visuelle sera ensuite entrepris si la correction optique n'apporte pas une solution pleinement satisfaisante au problème.

Le traitement s'effectue en deux phases: une première phase passive et une seconde phase active. Dans la première on pratique l'occlusion du bon oeil à l'aide d'un cache pour permettre une amélioration de l'acuité visuelle de l'oeil affecté. Simultanément, un traitement actif sera entrepris afin de permettre le développement de l'oeil amblyope. Des exercices de labyrinthe, de coloriage, de découpage sont faits avec l'oeil plus faible.

Le cache est ensuite enlevé pour permettre une association des deux yeux. Une autre série d'exercices est alors entreprise pour ramener un vision binoculaire

En cachant votre oeil le plus fort, vous ferez travailler votre oeil amblyope afin d'améliorer votre acuité visuelle.

normale. Le traitement devra être adapté aux goûts et à l'âge du patient; parents et optométriste devant travailler de concert avec l'enfant tout au long du traitement.

4. Le strabisme

Voici un autre trouble de la vision qui peut parfois être corrigé grâce à la rééducation visuelle (voir chapitre 2). Il est indispensable de considérer plusieurs facteurs avant d'entreprendre le traitement: le type de strabisme, l'amplitude de la déviation, l'esthétique, les symptômes subjectifs* (par exemple, la diplopie) l'âge et la détermination du sujet à faire les exercices prescrits.

Les yeux d'une personne strabique n'étant pas alignés sur le même objet, ils perçoivent deux images différentes, qui se forment toutes deux sur les rétines. Deux choses peuvent alors se produire selon les individus: ou bien la personne voit deux images (diplopie), ou bien le cerveau choisit inconsciemment l'image de l'oeil non dévié et la personne ne voit que cette dernière.

Dans certains cas présentant une déviation très élevée ou un strabisme relié à une réduction d'acuité visuelle d'un oeil ayant une cause pathologique, la meilleure solution à considérer reste la chirurgie.

Par contre, après un examen spécial, on pourra décider d'entreprendre un traitement de rééducation visuelle. Comme dans les cas précédents, on commence par donner au patient la meilleure correction optique possible. Ensuite, on place une cache sur le bon oeil afin de renforcer l'oeil problème. On demandera alors au patient de faire du coloriage, du découpage ou de la lecture. La deuxième étape du traitement consiste en une phase binoculaire, c'est-à-dire qu'on fera travailler les deux yeux ensemble, en apprenant à ne pas supprimer l'image de l'oeil dévié.

La troisième phase est composée d'exercices pour les deux yeux. Le patient accomplit une série d'exercices divers, soit de convergence, soit de divergence, selon qu'il souffre d'exotropie ou d'ésotropie (voir chapitre 2) Lorsque l'on aura otenu les résultas souhaités, le patient devra continuer à faire des exercices de consoli-

---

* Symptômes subjectifs: termes désignant les troubles que le thérapeute ne peut pas déceler dans un examen mais qui sont rapportés par le patient.

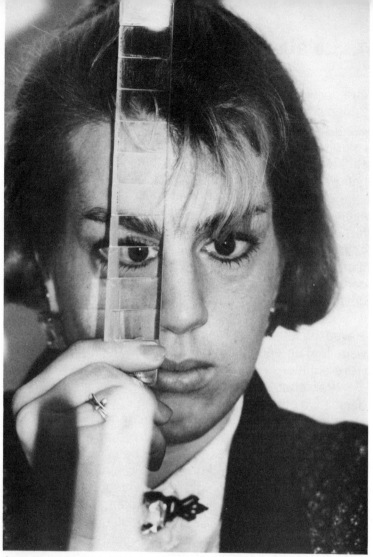

Avec la barre de prismes, vous apprendrez à vos yeux à converger ou à diverger selon votre problème. Ici, on s'exerce à la convergence.

dation quelques fois par semaine afin d'éviter que les améliorations obtenues ne s'estompent avec le temps. Il est important, durant cette période, de rendre régulièrement visite à l'optométriste pour que ce dernier puisse s'assurer que les exercices sont bien faits et en ajuster, si cela est nécessaire, la fréquence et la nature.

CHAPITRE VI
Maladies, accidents, et anomalies des yeux

Toutes les maladies que nous décrivons dans ce chapitre peuvent être dépistées par l'optométriste et traitées par l'ophtalmologiste, soit à l'aide de médicaments, soit grâce à une intervention chirurgicale.

1. Le glaucome

Le glaucome est causé par une augmentation de la pression de l'humeur aqueuse à l'intérieur de l'oeil que celui-ci ne peut tolérer. Cette haute pression peut se stabiliser ou peut varier. Non traitée, elle peut entraîner des dommages à l'oeil pouvant aller jusqu'à la cécité complète. Le glaucome peut survenir à tout âge. Il est plus fréquent cependant à partir de la quarantaine. C'est la raison pour laquelle un examen annuel est fortement conseillé à partir de cet âge.

Le glaucome peut être héréditaire. Il peut également être dû à un traumatisme, à un accident oculaire ou survenir à la suite d'une autre maladie de l'oeil. Le glaucome peut aussi être congénital, c'est-à-dire que l'enfant souffrira de la maladie dès la naissance, ou un peu après. Ce type de glaucome est causé par une maladie contractée durant la grossesse, la rubéole, par exemple. Mais le glaucome peut se déclarer sans qu'aucun de ces facteurs ne soient présents.

a) Causes

Il existe deux causes principales pour le glaucome, la première, moins fréquente, consiste en une augmentation de la production de l'humeur aqueuse à l'intérieur de l'oeil.

La seconde, plus fréquente, provient de difficultés dans l'élimination de cette humeur aqueuse. En effet, l'orifice par lequel s'écoule celle-ci peut s'obstruer et ainsi être à l'origine de l'augmentation de la pression dans l'oeil.

b) Symptômes

Les symptômes varient selon le type et la gravité du glaucome. Le patient atteint peut avoir une vision trouble, peut remarquer des halos colorés autour des objets lumineux ou encore éprouver de la difficulté à s'adapter à l'obscurité. Il peut également ressentir une douleur dans l'oeil, des maux de tête, ou s'apercevoir que son champ de vision s'est rétréci. Mais il est aussi possible qu'une personne atteinte ne souffre d'aucun de ces symptômes.

c) Traitement

On peut traiter le glaucome grâce à des gouttes à application directe.

Si les médicaments se montrent inefficaces, une intervention chirurgicale peut être pratiquée. Elle consiste à percer un nouveau canal permettant à l'humeur aqueuse de s'écouler.

2. La cataracte

La cataracte consiste en une opacification du cristallin et cause une diminution de la perception des objets. L'opacité peut n'affecter que le centre du cristallin, sa périphérie, ou encore le cristallin dans son entier. Dans le cas où seule la périphérie est atteinte, la vision restera satisfaisante jusqu'à ce que la cataracte évolue et atteigne le centre du cristallin.

a) Causes

La cataracte peut être héréditaire. Elle peut également survenir à la suite d'un traumatisme ou d'un accident à l'oeil. Par exemple, un clou qui perforerait l'oeil jusqu'au cristallin pourrait causer une cataracte.

Certains médicaments peuvent être à l'origine des

cataractes quand ils sont absorbés pendant de longues

périodes. La cataracte peut aussi être congénitale. Comme pour le glaucome, elle peut être causée par la rubéole.

Mais c'est le vieillissement qui est la cause la plus fréquente de la cataracte. Celle-ci fait son apparition à des âges différents selon les individus. Certains en souffriront à cinquante ans, d'autres à soixante-cinq. En outre, elle évolue différemment d'un patient à l'autre. Elle peut prendre deux, trois ou même quinze ans pour venir à maturité. C'est la raison pour laquelle un examen annuel est essentiel. De plus, cet examen annuel permettra de modifier la force des lunettes afin de maintenir la meilleure vision possible.

b) Symptômes

Les symptômes sont multiples et variables. Il se peut que la vision d'une personne atteinte de cataracte soit brouillée ou voilée. Le patient peut percevoir des halos autour des sources de lumière. Il peut constater une difficulté à conduire sa voiture le soir ou un changement dans la perception des couleurs (le jaune et le bleu, par exemple).

Une lumière tamisée peut soit améliorer la vision, soit la diminuer. Souvent, la personne atteinte de la cataracte a besoin de beaucoup plus de lumière afin de compenser l'opacification du cristallin. Mais, si la cataracte est centrale, une lumière tamisée permet à la pupille de s'ouvrir et aide l'oeil à mieux distinguer les objets.

La lecture de près peut, dans certains cas, se révéler plus facile sans lunettes.

c) Traitement

Un seul traitement est possible pour la cataracte rendue à maturité: l'opération. Celle-ci ne dure généralement pas plus d'une heure et c'est l'ophtalmologiste qui la pratique. Il y a ensuite une période postopératoire où certaines précautions sont à prendre afin d'assurer une bonne cicatrisation.

d) Correction postopératoire

L'implant

L'implant est une petite lentille de plastique que l'ophtalmologiste place dans l'oeil, en remplacement du cristallin, au moment de l'intervention chirurgicale pour la cataracte. L'implant possède une puissance équivalente à celle du cristallin. Donc, après l'intervention, la personne devra quand même porter des lunettes compensant sa myopie ou son hypermétropie. Ces lunettes sont munies d'un double foyer, car l'implant ne peut se bomber afin de permettre la lecture de près. C'est à l'ophtalmologiste de décider qui est un bon candidat pour ce type de correction.

Les lentilles de contact

Des lentilles de contact peuvent être prescrites dans le cas d'opérés de la cataracte. Celles-ci vont corriger la myopie ou l'hypermétropie de l'oeil en plus de remplacer le cristallin. De plus en plus, ce sont des lentilles de contact à port prolongé qui sont ajustées, diminuant ainsi la fréquence de manipulation et d'entretien, étapes difficiles pour les opérés de la cataracte. Des lunettes devront s'ajouter aux lentilles afin de permettre les travaux de près.

Les lunettes

Les lunettes que l'on prescrit dans de tels cas sont assez épaisses au centre et sont en plastique afin d'en réduire le poids. Les yeux paraîtront plus gros derrière ces lunettes car elles remplacent le cristallin qui est une lentille positive (c'est-à-dire une loupe). Au début, le patient devra s'habituer à une différence dans la perception des volumes. Les objets lui paraîtront plus gros à cause de l'effet grossissant des lentilles, et donc plus proches. Cette solution est moins satisfaisante du point de vue de l'esthétique que les deux précédentes mais elle est par contre la moins compliquée pour le patient, surtout s'il est âgé.

Les yeux paraîtront grossis derrière les lunettes d'un opéré de la cataracte.

Il peut arriver qu'aucune correction ne soit donnée parce qu'un seul oeil a été opéré. C'est après que le deuxième oeil aura été opéré que la correction convenant le mieux sera prescrite.

3. La conjonctivite

La conjonctivite est une affection assez répandue de la conjonctive et une foule de causes peuvent en être à l'origine.

a) Causes

Une conjonctivite peu être causée par une allergie. L'oeil est rouge et est irrité.

Cette affection peut aussi être chronique. Il faut alors découvrir la cause de l'allergie et l'éliminer dans la mesure du possible. Un vasoconstricteur, produit qui aide à diminuer la rougeur de l'oeil, peut être appliqué dans l'oeil sous forme de gouttes. Certains vasoconstricteurs contiennent également un antihistaminique qui aide à réduire les symptômes allergiques. Si les paupières sont enflées ou irritées, appliquez des compresses d'eau froide.

Une conjonctivite peut aussi être due à une infection. Cette infection est causée par des bactéries ou des virus. Les symptômes diffèrent un peu selon la cause. 69

L'oeil est rouge, douloureux et cause une sensation de brûlure. Les paupières sont collées le matin. Il se peut que du pus s'écoule de l'oeil. Il peut être difficile de trouver la cause de l'infection. Si aucun traitement n'est appliqué, la guérison prend de 10 à 14 jours. Si un antibiotique est prescrit, l'infection peut disparaître au bout de 1 à 3 jours.

Il existe aussi des conjonctivites de type traumatique. Elles sont causées, par exemple, par des substances irritantes tels que les vapeurs nocives, les acides ou autres produits chimiques, ou encore par de la poussière ou un corps étranger qui pénètre dans l'oeil. Une conjonctivite peut aussi apparaître si l'on se frotte trop les yeux. Dans tous les cas, exception faite du dernier, rincez bien l'oeil sous l'eau ou enlevez le corps étranger (un petit morceau de bois par exemple) s'il est bien visible et qu'il n'est pas collé à l'oeil. Si vous soupçonnez que l'oeil est plus atteint qu'il ne paraît, ou si la douleur persiste, n'hésitez pas à consulter un praticien à la clinique ou au service des urgences les plus proches.

Trop de soleil peut également être à l'origine d'une conjonctivite parce qu'il irrite l'oeil.

4. L'orgelet

Il s'agit d'un petit abcès qui peut se loger à l'intérieur ou à l'extérieur de la paupière. Au début, il pourra y avoir une douleur sans que l'orgelet ne soit visible. Appliquez des compresses d'eau chaude afin d'aider l'orgelet à se résorber. Si l'orgelet persiste ou devient trop gros, un antibiotique peut être prescrit par le médecin.

5. Les accidents

De petits morceaux de métal ou de bois ou des grains de poussière peuvent pénétrer dans l'oeil et causer une irritation. Enlevez doucement, à l'aide d'un coton-tige, le corps étranger. Ne frottez jamais si celui-ci est difficile à déloger. Consultez plutôt un praticien qui l'enlèvera et qui pourra prescrire un antibiotique pour éviter tout risque d'infection.

Si un clou, un hameçon, de la vitre ou du métal pénètre dans l'oeil, n'y touchez pas. N'essayez pas de déloger le corps étranger car, s'il a pénétré trop profondément dans l'oeil, vous risqueriez en l'enlevant de laisser s'écouler les liquides qui se trouvent à l'intérieur. Faites un bandage sur les deux yeux afin d'éviter que ceux-ci ne bougent et que la blessure ne s'aggrave. N'appliquez pas une pression sur l'oeil blessé, utilisez plutôt un bandage en forme d'anneau. Amenez immédiatement la personne à l'hôpital où l'on enlèvera le corps étranger en prenant les précautions nécessaires pour éviter que l'oeil ne se vide de son contenu.

Lorsque l'oeil est éclaboussé par un produit chimique, que ce soit au travail, (de l'acide, par exemple) ou à la maison (du fixatif à cheveux), rincez-le bien sous l'eau courante du robinet. Renverser la tête du patient en arrière et laissez couler l'eau dans l'oeil, à partir du côté du nez vers l'extérieur. De cette façon, l'oeil qui n'a pas été atteint par les éclaboussures ne sera pas touché. Le produit chimique peut n'atteindre que la conjonctive ou la cornée, ou les deux à la fois. Il est normal que l'oeil soit rouge et que la personne ait une sensation de "grain de sable dans l'oeil" due à l'irritation. Si l'oeil a été bien rincé, les symptômes devraient disparaître rapidement.

Quelques objets dangereux pour vos yeux.

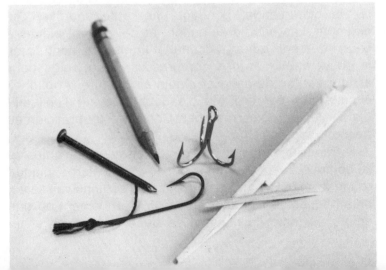

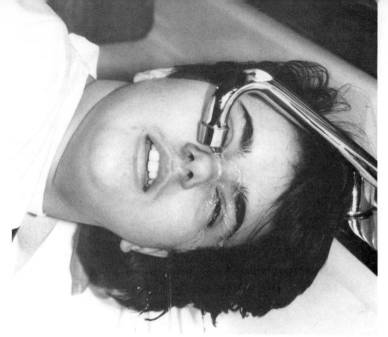

En cas d'éclaboussure, bien rincer l'oeil et consultez un médecin au besoin.

S'ils persistent ou si d'autres symptômes surviennent: douleur excessive, vision trouble etc., conduisez immédiatement la personne à l'hôpital. Si le produit dont l'oeil a été éclaboussé est très toxique, ne prenez pas de risque et consultez un praticien après avoir appliqué les premiers soins.

L'oeil est exposé à recevoir des coups au cours de la vie quotidienne, pendant une joute sportive, par exemple. Les paupières enflent et deviennent bleues à cause du sang qui s'y accumule. Immédiatement après le coup, appliquez des compresses d'eau froide pour arrêter l'afflux de sang et diminuer l'enflure. Appliquez ensuite des compresses d'eau chaude sur l'oeil afin d'aider le sang à se résorber. Consultez un praticien au besoin.

Occasionnellement, de petits vaisseaux sanguins de la conjonctive peuvent se briser et une large plaque rouge apparaît. Il arrive souvent que certains vaisseaux plus fragiles se rompent après un éternuement ou une quinte de toux. Ils peuvent se briser également si un ongle entre en contact avec l'oeil, par exemple. Il n'y a rien à faire dans ce cas. Le sang se retirera de lui-même, mais il peut se passer plusieurs jours avant que l'oeil ne reprenne son apparence normale.

6. Le gérontoxon

Le gérontoxon est plus connu sous le nom d'"'arc sénile". Il apparaît, comme son nom le dit, avec l'âge. Le gérontoxon est une opacité blanchâtre à la périphérie de la cornée. Il se voit à l'oeil nu et est formé par un dépôt de cholestérol. Le gérontoxon est sans danger pour l'oeil. Il commencera à se former sur une partie de la cornée et finira par en faire le tour complet.

7. Le pinguécula

Le pinguécula est une affection très répandue. C'est un petit nodule jaunâtre que l'on retrouve sur la conjonctive près du nez ou près de la tempe. Le pinguécula est formé par un petit amas de tissu. Celui-ci peut augmenter de volume lorsqu'il est irrité par le vent ou la poussière. Il se peut aussi que la personne ayant un pinguécula ressente à ce moment une sensation de picotement.

Si le pinguécula devient trop gros ou gênant, il peut être enlevé grâce à une petite opération chirurgicale.

Questions-réponses

Q.: Que faire quand une paupière saute constamment?

R.: Ce problème est causé par la fatigue, le stress, la nervosité. Prenez du repos. D'ailleurs, le même phénomène se produit souvent avec d'autres muscles, comme ceux des mollets ou des bras.

Q.: Si ma vision faiblit sans cesse, est-ce que je finirai par devenir aveugle?

R.: Cette question revient souvent chez les patients qui constatent une détérioration graduelle de leur vision.

Ce n'est pas parce que votre vision diminue que vous deviendrez aveugle. Les laboratoires peuvent fabriquer des lentilles pour corriger la myopie de —20.00D. Naturellement, à cette puissance, le champ de vision avec des lunettes est fortement réduit, mais la vision est quand même très satisfaisante pour le patient. Ce champ de vision est souvent amélioré par l'usage de lentilles de contact. Un oeil devient aveugle à la suite d'un accident ou d'une maladie oculaire non traitée ou incurable. La médecine progresse d'ailleurs constamment dans ce domaine.

Q.: Lorsque l'on fait de l'hypertension, fait-on automatiquement du glaucome?

R.: Non. Beaucoup de gens font de l'hypertension et ne souffrent pas de glaucome. Par contre, les médicaments habituellement prescrits contre l'hypertension peuvent avoir un effet sur le glaucome.

CHAPITRE VII
La prévention

Vous utilisez vos yeux pour des activités aussi variées que la lecture, le sport, le travail et même la détente. En fait, vous les utilisez en moyenne 16 heures par jour. Mais connaissez-vous la meilleure façon de les protéger? La médecine a fait des progrès remarquables ces dernières années, mais on est incapable, encore aujourd'hui, de transplanter un oeil dans son entier. L'expression "y tenir comme à la prunelle de ses yeux" exprime bien l'importance que l'on doit accorder à la protection de ceux-ci.

1. L'examen annuel

La première règle que tous devraient suivre consiste à passer un examen annuel. Celui-ci permettra de maintenir la meilleure vision possible, d'éviter l'inconfort causé par une correction inadéquate ou par une mauvaise utilisation des yeux et de s'assurer que l'on ne souffre d'aucune maladie oculo-visuelle.

La seconde règle est de porter les lunettes qui vous ont été prescrites par un professionnel de la vision. De cette façon, vous éviterez une fatigue oculaire inutile.

2. Le travail de près

Le travail de près désigne toute activité effectuée à faible distance de l'oeil. La lecture, l'écriture, le tricot et le coloriage en sont des exemples courants.

Adoptez toujours une position confortable. En ce qui concerne la lecture, un adulte devrait tenir son document à une distance d'environ 40 cm.

L'éclairage est très important pour tout tavail de près. Assurez-vous qu'il est suffisant sans être éblouissant. Évitez les reflets sur votre table de travail ainsi que les ombres prononcés. Si vous n'avez qu'un plafonnier au centre de la pièce, placez-vous à un angle d'environ 45° par rapport à celui-ci: vous ne serez pas ébloui et votre document sera bien éclairé.

Les enfants adoptent souvent de mauvaises postures pour lire ou travailler. L'une des plus courantes consiste à se coucher sur le ventre. Avec le temps, cette habitude peut occasionner des maux au dos et au cou et une fatigue visuelle. Tentez de les convaincre qu'ils seront plus confortables autrement!

La distance de lecture recommandée pour un enfant correspond à la longueur de son avant-bras, soit la distance qui va du coude jusqu'aux jointures médianes. Les enfants qui lisent à une distance moindre ou qui sont littéralement collés à leur livre peuvent développer certains problèmes. Ils exigent un effort d'accommodation supplémentaire à leurs yeux pour maintenir une vision claire. Cette surcharge de travail peut causer des maux de tête, une vision brouillée ou de la fatigue oculaire.

Les enfants ne devraient pas s'amuser ou travailler de près des heures durant. Ils devaient pratiquer des activités qui leur permettent d'utiliser la vision éloignée après une heure de travail de près: aller à bicyclette, faire une promenade, jouer avec des poupées et des camions.

La longueur de l'avant-bras (du coude aux jointures médianes) équivaut à la distance minimale à laquelle l'enfant devrait lire.

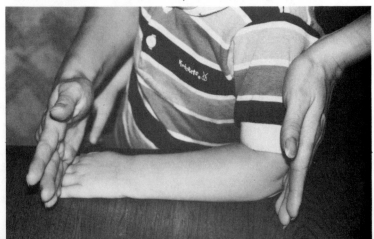

Les personnes âgées remarqueront que le travail de près est plus facile lorsque la lumière est plus intense. D'une part, la pupille des personnes âgées réagit moins bien aux changements d'intensité de lumière. (En d'autre termes, s'il y a moins de lumière, la pupille se dilate moins et la vision en est affectée. Par contre, s'il y a une augmentation de lumière, la pupille se contracte moins et laisse passer plus de lumière. La vision semble alors s'améliorer.) D'autre part, le cristallin s'opacifie avec l'âge, et la lumière pénètre ainsi moins bien dans l'oeil. Un éclairage assez intense permet qu'une quantité satisfaisante de lumière atteigne le fond de l'oeil et procure ainsi une meilleure vision.

3. La télévision

La télévision occupe une place importante dans nos foyers, vous devez donc la regarder dans de bonnes conditions.

Installez-vous confortablement. Assurez-vous que la distance qui vous sépare de l'appareil corresponde au moins à 2 ou 3 mètres, ou à 5 ou 6 fois la diagonale de l'écran. Regarder la télévision couché à plat ventre peut occasionner des maux au dos ou au cou: cherchez donc une position confortable.

Ne regardez pas la télévision dans l'obscurité car le trop fort contraste fatiguerait vos yeux. Un plafonnier ou une lampe sur pied vous procureront un éclairage suffisant. Vous devez éviter cependant que la lumière ne provoque des reflets sur l'écran.

Si, après toutes ces précautions, vos yeux piquent ou chauffent, c'est peut-être que vous ne clignez pas assez souvent des paupières. En fixant trop intensément la télévision, vos yeux clignent moins et s'assèchent. Brisez la fixation, regardez ailleurs dans la pièce, vos yeux cligneront automatiquement. Si l'inconfort est trop grand, mettez une goutte de larmes artificielles dans chaque oeil. Ces larmes sont plus visqueuses que les larmes naturelles et elles s'évaporeront moins rapidement. Vous pouvez constater le même problème pour le travail de près, les raisons en sont aussi les mêmes.

4. L'écran cathodique

Lorsque vous travaillez avec un écran cathodique, efforcez-vous d'adopter une bonne posture. Placez l'écran à une bonne distance de travail, soit à au moins votre distance de lecture. Assurez-vous que votre écran soit bien placé en ce qui a trait à la hauteur et à l'inclinaison. Ajustez la luminosité des caractères afin d'éviter que vos yeux ne se fatiguent trop rapidement et éliminez le papillotement s'il y a lieu. L'éclairage ne doit pas vous éblouir ni provoquer de reflets.

L'horaire de travail est un facteur déterminant pour éviter la fatigue oculaire. Règle générale, prenez 15 minutes de repos après deux heures de travail non continu et 10 minutes par heure de travail continu.

Des symptômes peuvent apparaître si l'effort visuel fourni est trop grand: maux de tête, vision brouillée, vision double, yeux qui piquent, chauffent, pleurent, plissent ou clignent à l'excès. Dès l'apparition de ces symptômes, prenez un temps de repos et consultez dès que possible un professionnel de la vue afin de trouver une solution à ces problèmes.

5. Les jeux vidéo

Lorsque vous vous installez pour jouer, respectez les mêmes normes que pour regarder la télévision. Placez-vous à 6 à 10 pieds de l'écran et assurez-vous que la pièce est bien éclairée. Évitez également les reflets sur l'écran provenant d'une fenêtre ou d'une source lumineuse.

Pour les joueurs de six ans et plus, la période d'activité ne devrait pas excéder une demi-heure. Prenez un repos de 10 minutes avant de recommencer à jouer. Pour les joueurs de moins de six ans, les parents devraient limiter à 15 minutes leur période d'activité.

Les mini jeux vidéo devraient être placés à au moins la distance de lecture du joueur. Il faut bien vérifier l'état des piles afin de toujours conserver une bonne visibilité sur l'écran.

Les jeux vidéo ont leur bon côté: ils permettent de développer certaines habiletés telle que la coordination oeil-main.

6. Les sports

La plupart des sports font appel aux habiletés visuelles.

L'acuité visuelle est importante afin de bien voir l'adversaire, son coéquipier ou l'objet en jeu (balle, rondelle, etc.).

La vision des profondeurs permet d'évaluer la distance à laquelle se trouve l'objet.

Une bonne vision périphérique aide à évaluer ce qui nous entoure sans devoir constamment tourner la tête.

Une bonne coordination oeil-main vous aidera à frapper la balle au bon moment, par exemple.

Toutes ces habiletés vous aident à mieux jouer, d'une part, et à éviter des blessures, d'autre part. Si vous évaluez mal la distance d'un objet qui se dirige vers vous, votre capacité à l'éviter sera réduite. Voici une évaluation de l'habileté visuelle requise dans certains sports:

	acuité visuelle	vision des profondeurs	champ périphérique	coordination oeil-main
escrime:	+	+	+	+
natation:	+ ou −	+ ou −	+ ou −	−
hockey:	+	+	+	+
baseball:	+	+	+	+
tennis:	+	+	+	+

(+ : nécessaire, —: non-nécessaire)

Le sportif qui a besoin d'une correction se voit dans l'obligation de faire un choix: lunettes ou lentilles de contact. Pour la plupart des sports, les lentilles de contact souples s'avèrent le meilleur choix. Elles possèdent des avantages évidents: elles offrent un champ de vision plus vaste, elles sont confortables, elles ne se déplacent pas, elles ne s'embuent pas.

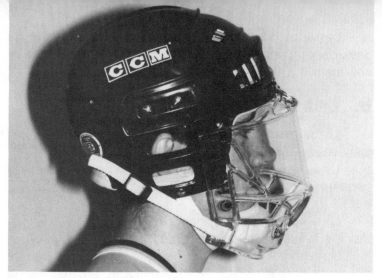

Un casque ne suffit pas; une bonne visière permettra de jouer au hockey en toute sécurité.

Par contre, certains sportifs auront plutôt avantage à recourir à des lunettes. Le football et le baseball permettent difficilement le port de lentilles de contact à cause de la poussière qui peut s'infiltrer sous la lentille de contact et causer des irritations.

Plusieurs sports nécessiteront une protection spéciale. Lorsque vous jouez au hockey, portez toujours un casque protecteur muni d'une grille ou d'une visière qui sauront vous protéger de la rondelle, des bâtons et des patins des autres joueurs. N'oubliez pas qu'un oeil atteint par une rondelle peut subir une perte de vision permanente.

Pour les sports de raquette, portez une monture de plastique incassable et rembourrée afin d'absorber les coups. Choisissez une monture légère qui vous donne une bonne vision périphérique. Les lentilles de la lunette devront être de vitre durcie industrielle ou, idéalement, de plastique d'une épaisseur d'au moins 3 mm au centre. Les lentilles seront neutres pour ceux qui n'ont pas besoin de correction ou pour ceux qui portent des lentilles de contact, tandis qu'elles corrigeront le défaut de vision du sportif qui en aura besoin.

Pour les sports extérieurs, tels le ski, la planche à voile, le cyclisme, etc., portez des lunettes de soleil qui élimineront les reflets agaçants ou l'éblouissement.

7. Le travail

Lorsque vous effectuez des travaux qui présentent un danger pour les yeux, pensez "protecteur oculaire". Pour les petits travaux de bricolage, à la maison, des lunettes munies de lentilles en vitre durcie ou en plastique feront très bien l'affaire. Pour de gros travaux, comme "casser" du ciment, portez des lunettes de sécurité avec lentilles de qualité industrielle.

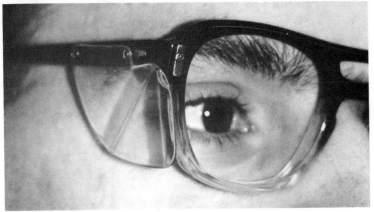

Monture de sécurité avec écran latéral protecteur.

Au travail, choisissez la protection en fonction du travail exécuté, que ce soit de la soudure, du meulage ou une manipulation de produits chimiques. Certaines lunettes peuvent être munies d'écrans latéraux. D'autres peuvent être fermées. Ces dernières ont la particularité d'avoir de petits orifices afin de permettre la circulation d'air et éviter ainsi qu'elles ne s'embuent.

Les personnes qui ont des lentilles de contact devront s'assurer qu'elles pourront les porter à leur travail. Si vous évoluez dans un environnement où il y a des émanations chimiques, où l'air est sec, où il y a de la poussière, évitez de porter vos lentilles de contact. Vous diminuerez ainsi les risques de les abîmer.

81

Différents modèles de montures de sécurité.

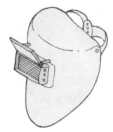

Casque de soudeur.

Lunettes de travail à coques, anti-poussières et anti-éclaboussures.

Couvre-lunettes anti-chocs.

Couvre-lunettes anti-poussières et anti-éclaboussures.

Couvre-lunettes anti-radiations.

Lunettes anti-radiations, sans écrans latéraux.

8. L'automobile

Comme pour les sports, la conduite automobile fait appel à toutes vos habiletés visuelles. Les exigences varient selon que vous conduisez un camion, un autobus, une automobile.

L'acuité visuelle permet de voir les indications routières, les autres véhicules et tout obstacle pouvant surgir sur la route. Assurez-vous d'avoir une acuité visuelle suffisante pour la conduite de votre véhicule.

Le champ de vision doit être suffisant pour vous permettre de distinguer toute auto ou piéton qui circule de chaque côté de votre auto. Si votre oeil droit est aveugle, la Régie de l'assurance automobile exigera que votre auto soit équipée d'un rétroviseur extérieur du côté droit afin de compenser cette perte de champ de vision.

La vision des couleurs vous permettra de distinguer les différents feux de circulation. Cependant, aujourd'hui, les daltoniens (problème de vision des couleurs) peuvent très bien se débrouiller, dans le cas des feux de circulation verticaux, en sachant que le feu rouge se situe en haut, le jaune, au milieu et le vert en bas. Pour les feux de circulation horizontaux, le feu rouge a une forme carrée, le jaune est un losange, et le vert un cercle.

La vision des profondeurs est importante. Elle vous permet d'évaluer la distance qui vous sépare des autres véhicules, des piétons ou des panneaux de signalisation.

Enfin, la vision nocturne vous permet de conduire dans l'obscurité en toute sécurité. Vous devez pouvoir bien résister à l'éblouissement et recouvrer rapidement votre vision après avoir été ébloui.

Observez certaines règles lorsque vous conduisez afin d'éliminer ou du moins de réduire les risques d'accident. Pensez que plus votre vitesse augmente, moins vous avez de temps pour lire les panneaux de signalisation, et pour réagir, et plus vous avez de difficulté à évaluer les distances.

Assurez-vous que vos vitres et vos phares sont toujours propres afin de bien voir et d'être bien vu.

Les personnes du troisième âge se plaignent souvent que la conduite nocturne est plus difficile. Leur oeil s'adapte moins bien à l'obscurité. La pupille est plus petite et le cristallin moins transparent. Ces gens ont besoin de plus de lumière pour conduire, il vaut mieux alors éviter de porter des lunettes teintées. Ne soyez pas surpris si, après soixante-cinq ans, vous recevez des formulaires à faire remplir par votre médecin et votre optométriste avant de pouvoir renouveler votre permis de conduire. Vous devrez passer un examen médical et visuel afin de déterminer si vous êtes encore apte à conduire votre automobile. La Régie de l'assurance-automobile pourra émettre des restrictions, comme vous interdire de conduire la nuit, si elle juge que vos capacités visuelles ne vous le permettent pas. L'institution de ces examens est d'ailleurs une chose fort louable car ils limiteront sûrement les accidents dus à une mauvaise condition physique.

9. La vision chez les bébés

Les bébés ont besoin de stimulation afin de favoriser un bon développement de leur vision. Variez la position du bébé dans son lit afin qu'il puisse se servir de ses deux yeux tour à tour. Suspendez ou placez des objets près de lui afin qu'il puisse les suivre des yeux (ex: un mobile).

Placez à sa portée des objets dont il pourra se saisir, ceux-ci l'aideront à développer sa coordination oeil-main. Donnez-lui des objets de tailles, de formes et de textures variées. Plus tard, encouragez-le à faire des casse-têtes, à dessiner, à manipuler de petits objets. Offrez-lui de nouveaux jouets au fur et à mesure qu'il grandit.

Stimulez votre enfant. Voyez à ce que les jeux et les jouets évoluent avec lui.

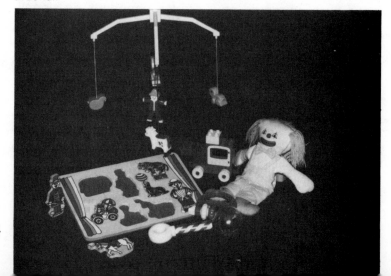

S'il existe des antécédents de problèmes oculaires dans la famille, tels que le strabisme, l'amblyopie ou des maladies oculaires d'origine génétique, consultez un spécialiste de la vue dès le jeune âge de votre enfant (trois ans et moins) afin de vous assurer que sa vision se développe normalement.

10. Les médicaments

Plusieurs médicaments peuvent provoquer des effets secondaires sur la vision. Par contre, ces effets sont souvent négligeables en comparaison des bienfaits que le patient retire des médicaments en question.

Ces effets secondaires apparaissent le plus souvent dans le cas d'une médication prolongée, d'une surdose ou lorsqu'il y a interaction entre plusieurs médicaments. Le fait d'être sensibilisé à ce problème permet de connaître rapidement la cause de certaines modifications de l'acuité visuelle. Il ne faut pas oublier que ce ne sont pas tous les patients qui souffriront d'effets secondaires.

Voici quelques exemples de médicaments pouvant causer des effets secondaires sur la vue:

- l'insuline;
- les corticostéroïdes;
- l'aspirine;
- les médicaments pour le traitement de la tuberculose;
- les antidépresseurs, etc.;

et quelques-uns des effets provoqués:

- l'oedème des paupières;
- la baisse de la pression intraoculaire;
- l'embrouillement;
- la conjonctivite;
- la photophobie (hypersensibilité à la lumière);
- des variations de la vision, etc.

Même le tabac peut provoquer certains problèmes comme l'irritation des yeux, la difficulté à s'adapter à l'obscurité (à cause, entre autres facteurs, d'une diminution de l'oxygène) et la réduction du champ visuel.

a) Les médicaments oculaires

De plus en plus, les fabricants offrent de petits formats pour les gouttes oculaires. Ces petits formats permettent de limiter l'usage du médicament et diminuent ainsi les risques de contamination possible dans le cas d'un usage prolongé. Voici une autre règle pour préserver la stérilité des médicaments: n'ouvrez le contenant que lorsque vous êtes prêt à les utiliser et évitez le contact entre le compte-gouttes et les mains ou les yeux.

11. La femme enceinte

Plusieurs facteurs influencent le développement du foetus, non seulement au point de vue général mais également en ce qui concerne le système oculo-visuel.

L'oeil du foetus est influencé tout au long de son développement, mais la période de grande vulnérabilité se situe entre la 4° et la 8° semaine, au moment où toutes les composantes de l'oeil apparaissent.

L'alcool pourra provoquer des anomalies visibles chez le nouveau-né, tels que l'étroitesse de l'ouverture entre les paupières, le strabisme ou la myopie.

Certaines maladies, surtout virales, comme la rubéole, la varicelle, ou les oreillons, causeront des malformations moins visibles: cataractes et glaucome.

Plusieurs femmes s'aperçoivent, au cours de leur grossesse, que leur vue change. Ainsi, certaines se plaindront d'une baisse de vision, tandis que d'autres auront de la difficulté à porter leurs lentilles de contact car leur oeil sera plus sensible. Tous ces changements sont dus à un déséquilibre hormonal et ils sont normaux. Tout revient à la normale environ trois mois après l'accouchement ou trois mois après la fin de l'allaitement.

Questions - Réponses

Q.: Faut-il vraiment que mon enfant porte des lunettes? Ça ne va pas l'agacer?

R.: Il est certain que des lunettes portées pour la première fois peuvent incommoder l'enfant. D'ailleurs, il peut en être de même pour un adulte. Mais ce point ne doit pas être considéré au moment de prescrire des lunettes. Il est préférable que celles-ci dérangent un peu l'enfant au début plutôt que de constater, quelques années plus tard, que l'on ne peut plus ramener la vue de l'enfant à 100 pour 100. Ou encore qu'il souffre de strabisme faute d'une correction adéquate en temps voulu.

Q.: À quel âge un enfant peut-il passer un examen de la vue?

R.: L'enfant devrait passer son premier examen de la vue au plus tard avant de commencer la maternelle. Ensuite, un examen annuel est recommandé puisque la vision d'un enfant peut changer rapidement. Avant trois ou quatre ans, un examen peut s'avérer nécessaire si les parents décèlent un problème chez l'enfant (voir le test en page 91), ou tout simplement comme examen de dépistage et de contrôle même si aucun problème particulier n'a été observé.

Q.: Est-il bon de se rincer les yeux?

R.: L'oeil se nettoie de lui-même. Les larmes baignent continuellement les yeux et elles aident à prévenir les infections par leur action bactériostatique. Ceux qui désirent absolument se rincer les yeux peuvent le faire avec de l'eau en appliquant les règles d'hygiène les plus rigoureuses.

Q.: Est-il bon de s'épiler les sourcils?

R.: Il est déconseillé de s'épiler complètement les sourcils. Ceux-ci ont pour fonction d'arrêter la sueur qui s'écoule du front et qui pourrait créer une désagréable sensation de brûlure si elle pénétrait dans les yeux. Une simple ligne de crayon ne pourra jamais vous offrir la même protection.

Annexe

Test de dépistage

Voici un test qui peut vous aider à déterminer si vous ou quelqu'un de votre entourage souffrez de problèmes visuels.

- ☐ La personne regarde les objets de près, y compris la télévision;
- ☐ lit à une distance plus courte que la longueur de l'avant-bras;
- ☐ se plaint de maux de tête, de nausées, d'étourdissements;
- ☐ plisse les yeux ou fronce les sourcils pour regarder au loin;
- ☐ se plaint de voir double ou de vision brouillée;
- ☐ a les yeux rouges;
- ☐ a les yeux qui piquent, chauffent, brûlent;
- ☐ souffre de stabisme;
- ☐ cligne beaucoup des yeux ou se frotte souvent les paupières;
- ☐ tend à tourner la tête d'un côté ou de l'autre pour n'utiliser qu'un oeil, ou se cache complètement un oeil;
- ☐ se frappe contre les objets;
- ☐ saute des mots ou des lignes en lisant, ou suit toujours le texte du doigt;
- ☐ a les paupières enflées ou croûtées, a fréquemment des orgelets;

- ☐ inverse encore les lettres après la deuxième année: **b** et **d**, **p** et **q** (chez un enfant);
- ☐ démontre une mauvaise coordination oeil-main (en jouant à la balle, par exemple);
- ☐ est tendue quand elle regarde des objets très proches ou très éloignés;
- ☐ penche la tête sur l'épaule droite ou sur l'épaule gauche;
- ☐ n'aime pas travailler de près (écrire, lire, dessiner);
- ☐ a de la difficulté à se concentrer.

Toute personne qui identifie un ou plusieurs des symptômes de cette liste devrait consulter un professionnel de la vision.

Table des matières

Ouvrages parus chez les éditeurs du groupe Sogides

ANIMAUX

* **Art du dressage, L',** Chartier Gilles
Bien nourrir son chat, D'Orangeville Christian
Cheval, Le, Leblanc Michel
Chien dans votre vie, Le, Margolis Matthew et Swan Marguerite
* **Éducation du chien de 0 à 6 mois, L',** DeBuyser Dr Colette et Dr Dehasse Joël
Encyclopédie des oiseaux, Godfrey W. Earl
Mammifères de mon pays, Duchesnay St-Denis J. et Dumais Rolland
* **Mon chat, le soigner le guérir,** D'Orangeville Christian
Observations sur les mammifères, Provencher Paul
Papillons du Québec, Veilleux Christian et Prévost Bernard

Petite ferme, T. 1, Les animaux, Trait Jean-Claude
Vous et votre berger allemand, Eylat Martin
Vous et votre caniche, Shira Sav
Vous et votre chat de gouttière, Gadi Sol
Vous et votre chow-chow, Pierre Boistel
Vous et votre husky, Eylat Martin
Vous et votre labrador, Van Der Heyden Pierre
Vous et vos oiseaux de compagnie, Huard-Viau Jacqueline
Vous et votre persan, Gadi Sol
Vous et votre setter anglais, Eylat Martin
Vous et vos poissons d'aquarium, Ganiel Sonia
Vous et votre siamois, Eylat Odette

ARTISANAT/ARTS MÉNAGERS

Appareils électro-ménagers, Prentice-Hall of Canada
* **Art du pliage du papier,** Harbin Robert
Artisanat québécois, T. 1, Simard Cyril
Artisanat québécois, T. 2, Simard Cyril
Artisanat québécois, T. 3, Simard Cyril
Bon Fignolage, Le, Arvisais Dolorès A.
Coffret artisanat, Simard Cyril
Comment aménager une salle
Comment utiliser l'espace
Construire sa maison en bois rustique, Mann D. et Skinulis R.
Crochet Jacquard, Le, Thérien Brigitte
Cuir, Le, Saint-Hilaire Louis et Vogt Walter

Décapage-rembourrage
Décoration intérieure, La,
Dentelle, T. 1, La, De Seve Andrée-Anne
Dentelle, T. 2, La, De Seve Andrée-Anne
Dessiner et aménager son terrain, Prentice-Hall of Canada
Encyclopédie de la maison québécoise, Lessard Michel
Encyclopédie des antiquités, Lessard Michel
Entretenir et embellir sa maison, Prentice-Hall of Canada

ART CULINAIRE

BIOGRAPHIES POPULAIRES

Boy George, Ginsberg Merle
Daniel Johnson, T. 1, Godin Pierre
Daniel Johnson, T. 2, Godin Pierre
Daniel Johnson — Coffret, Godin Pierre
Duplessis, T. 1 — L'ascension, Black Conrad
Duplessis, T. 2 — Le pouvoir, Black Conrad
Duplessis — Coffret, Black Conrad
Dynastie des Bronfman, La, Newman Peter C.

Establishment canadien, L', Newman Peter C.
Frère André, Le, Lachance Micheline
Mastantuono, Mastantuono Michel
Maurice Richard, Pellerin Jean
Mulroney, Macdonald L.I.
Nouveaux Riches, Les, Newman Peter C.
Prince de l'église, Le, Lachance Micheline
Saga des Molson, La, Woods Shirley

DIÉTÉTIQUE

Contrôlez votre poids, Ostiguy Dr Jean-Paul
* Cuisine sage, Lambert-Lagacé Louise
Diététique dans la vie quotidienne, Lambert-Lagacé Louise
* Maigrir en santé, Hunter Denyse
* Menu de santé, Lambert-Lagacé Louise
Nouvelle cuisine santé, Hunter Denyse
Oubliez vos allergies et... bon appétit, Association de l'information sur les allergies
Petite & grande cuisine végétarienne, Bédard Manon

Plan d'attaque Weight Watchers, Le, Nidetch Jean
Recettes pour aider à maigrir, Ostiguy Dr Jean-Paul
* Régimes pour maigrir, Beaudoin Marie-Josée
Sage Bouffe de 2 à 6 ans, La, Lambert-Lagacé Louise
Weight Watchers — cuisine rapide et savoureuse, Weight Watchers
Weight Watchers-agenda 85 — Français, Weight Watchers
Weight Watchers-Agenda 85 — Anglais, Weight Watchers

DIVERS

Chaînes stéréophoniques, Les, Poirier Gilles
Chômage: mode d'emploi, Limoges Jacques
Conseils aux inventeurs, Robic Raymond
Protégeons-nous, Trebilcock Michael et Mcneil Patricia

Roulez sans vous faire rouler, T. 3, Edmonston Philippe
Savoir vivre d'aujourd'hui, Fortin Jacques Marcelle
Temps des fêtes au Québec, Le, Montpetit Raymond
Tenir maison, Gaudet-Smet Françoise
Votre système vidéo, Boisvert Michel, Lafrance André A.

ENFANCE

* Aider son enfant en maternelle, Pedneault-Pontbriand Louise
* Aidez votre enfant à lire et à écrire, Doyon-Richard Louise
Aidez votre enfant à lire et à écrire, Doyon-Richard Louise
Alimentation futures mamans, Gougeon Réjeanne et Sekely Trude
Années clés de mon enfant, Les, Caplan Frank et Theresa
* Autorité des parents dans la famille, Rosemond John K.
Avoir des enfants après 35 ans, Robert Isabelle
Comment amuser nos enfants, Stanké Louis

* Comment nourrir son enfant, Lambert-Lagacé Louise
Deuxième année de mon enfant, La, Caplan Frank et Theresa
* Développement psychomoteur du bébé, Calvet Didier
Douze premiers mois de mon enfant, Les, Caplan Frank
* En attendant notre enfant, Pratte-Marchessault Yvette
* Encyclopédie de la santé de l'enfant, Feinbloom Richard I.
Enfant stressé, L', Elkind David
Enfant unique, L', Peck Ellen
Femme enceinte, La, Bradley Robert A.

Fille ou garçon, Langendoen Sally, Proctor William

* Frères-soeurs, Mcdermott Dr John F. Jr.

Futur père, Pratte-Marchessault Yvette

* Jouons avec les lettres, Doyon-Richard Louise

* Langage de votre enfant, Le, Langevin Claude

Maman et son nouveau-né, La, Sekely Trude

* Massage des bébés, Le, Auckette Amélia D.

Merveilleuse histoire de la naissance, La, Gendron Dr Lionel

Mon enfant naîtra-t-il en bonne santé?, Scher Jonathan, Dix Carol

Pour bébé, le sein ou le biberon?, Pratte-Marchessault Yvette

Pour vous future maman, Sekely Trude

Préparez votre enfant à l'école, Doyon-Richard Louise

* Psychologie de l'enfant, Cholette-Pérusse Françoise

Secret du paradis, Le, Stolkowski Joseph

* Tout se joue avant la maternelle, Ibuka Masaru

Un enfant naît dans la chambre de naissance, Fortin Nolin Louise

Viens jouer, Villeneuve Michel José

Vivez sereinement votre maternité, Vellay Dr Pierre

Vivre une grossesse sans risque, Fried, Dr Peter A.

ÉSOTÉRISME

Coffret — Passé — Présent — Avenir

Graphologie, La, Santoy Claude

Hypnotisme, L', Manolesco Jean

* Interprétez vos rêves, Stanké Louis

* Lignes de la main, Stanké Louis

Lire dans les lignes de la main, Morin Michel

Prévisions astrologiques 1985, Hirsig Huguette

Vos rêves sont des miroirs, Cayla Henri

* Votre avenir par les cartes, Stanké Louis

HISTOIRE

Arrivants, Les, Collectif

Ramsès II, le pharaon triomphant, Kitchen K.A.

INFORMATIQUE

* Découvrir son ordinateur personnel, Faguy François

Guide d'achat des micro-ordinateurs, Le Blanc Pierre

JARDINAGE

Arbres, haies et arbustes, Pouliot Paul

Culture des fleurs, des fruits, Prentice-Hall of Canada

Encyclopédie du jardinier, Perron W.H.

Guide complet du jardinage, Wilson Charles

Petite ferme, T. 2 — Jardin potager, Trait Jean-Claude

Plantes d'intérieur, Les, Pouliot Paul

Techniques du jardinage, Les, Pouliot Paul

* Terrariums, Les, Kayatta Ken

JEUX & DIVERTISSEMENTS

Améliorons notre bridge, Durand Charles

* Bridge, Le, Beaulieu Viviane

Clés du scrabble, Les, Sigal Pierre A.

Collectionner les timbres, Taschereau Yves

* Dictionnaire des mots croisés, noms communs, Lasnier Paul

* Dictionnaire des mots croisés, noms propres, Piquette Robert

* Dictionnaire raisonné des mots croisés, Charron Jacqueline

Finales aux échecs, Les, Santoy Claude

Jeux de société, Stanké Louis

* Jouons ensemble, Provost Pierre

* Ouverture aux échecs, Coudari Camille

Scrabble, Le, Gallez Daniel

Techniques du billard, Morin Pierre

* Voir clair aux échecs, Tranquille Henri

LINGUISTIQUE

Améliorez votre français, Laurin Jacques

* Anglais par la méthode choc, L', Morgan Jean-Louis

Corrigeons nos anglicismes, Laurin Jacques

* J'apprends l'anglais, Silicani Gino

Notre français et ses pièges, Laurin Jacques

Petit dictionnaire du joual, Turenne Auguste

Secrétaire bilingue, La, Lebel Wilfrid

Verbes, Les, Laurin Jacques

LIVRES PRATIQUES

Bonnes idées de maman Lapointe, Les, Lapointe Lucette

Temps c'est de l'argent, Le, Davenport Rita

MUSIQUE ET CINÉMA

Wolfgang Amadeus Mozart raconté en 50 chefs-d'oeuvre, Roussel Paul

* Belles danses, Les, Dow Allen

* Guitare, La, Collins Peter

NOTRE TRADITION

Coffret notre tradition

Écoles de rang au Québec, Les, Dorion Jacques

Encyclopédie du Québec, T. 1, Landry Louis

Encyclopédie du Québec, T. 2, Landry Louis

Histoire de la chanson québécoise, L'Herbier Benoît

Maison traditionnelle, La, Lessard Micheline

Moulins à eau de la vallée du Saint-Laurent, Adam Villeneuve

Objets familiers de nos ancêtres, Genet Nicole

Vive la compagnie, Daigneault Pierre

OUVRAGES DE RÉFÉRENCE

Acheter ou vendre sa maison, Brisebois Lucille

Acheter et vendre sa maison ou son condominium, Brisebois Lucille

Bourse, La, Brown Mark

Choix de carrières, T. 1, Milot Guy

Choix de carrières, T. 2, Milot Guy

Choix de carrières, T. 3, Milot Guy

Comment rédiger son curriculum vitae, Brazeau Julie

Dictionnaire économique et financier, Lafond Eugène

Faire son testament soi-même, Me Poirier Gérald et Lescault Nadeau Martine (notaire)

Faites fructifier votre argent, Zimmer Henri B.

Je cherche un emploi, Brazeau Julie

Loi et vos droits, La, Marchand Paul-Émile

Règles d'or de la vente, Les, Kahn George N.

Stratégies de placements, Nadeau Nicole

Vente, La, Hopkins Tom

PHOTOGRAPHIE (ÉQUIPEMENT ET TECHNIQUE)

* Apprenez la photographie avec Antoine Desilets, Desilets Antoine

Chasse photographique, La, Coiteux Louis

8/Super 8/16, Lafrance André

Initiation à la Photographie-Canon, London Barbara

Initiation à la Photographie-Minolta, London Barbara

Initiation à la Photographie-Nikon, London Barbara

Initiation à la Photographie-Olympus, London Barbara

Initiation à la Photographie-Pentax, London Barbara

Initiation à la photographie, London Barbara

* Je développe mes photos, Desilets Antoine

* Je prends des photos, Desilets Antoine

* Photo à la portée de tous, Desilets Antoine

Photo guide, Desilets Antoine

* Technique de la photo, La, Desilets Antoine

PSYCHOLOGIE

Âge démasqué, L', De Ravinel Hubert
* Aider mon patron à m'aider, Houde Eugène
* Amour de l'exigence à la préférence, Auger Lucien
Au-delà de l'intelligence humaine, Pouliot Élise
Auto-développement, L', Garneau Jean
Bonheur au travail, Le, Houde Eugène
Bonheur possible, Le, Blondin Robert
Chimie de l'amour, La, Liebowitz Michael
* Coeur à l'ouvrage, Le, Lefebvre Gérald
Coffret psychologie moderne
Colère, La, Tavris Carol
* Comment animer un groupe, Office Catéchèse
* Comment avoir des enfants heureux, Azerrad Jacob
* Comment déborder d'énergie, Simard Jean-Paul
Comment vaincre la gêne, Catta Rene-Salvator
* Communication et épanouissement personnel, Auger Lucien
* Communication dans le couple, La, Granger Luc
Comprendre la névrose et aider les névrosés, Ellis Albert
* Contact, Zunin Nathalie
* Courage de vivre, Le, Kiev Docteur A.
Courage et discipline au travail, Houde Eugène
Dynamique des groupes, Aubry J.-M. et Saint-Arnaud Y.
Élever des enfants sans perdre la boule, Auger Lucien
* Émotivité et efficacité au travail, Houde Eugène
* Être soi-même, Corkille Briggs, D.
* Facteur chance, Le, Gunther Max
* Fantasmes créateurs, Les, Singer Jérôme
* J'aime, Saint-Arnaud Yves
Journal intime intensif, Progoff Ira
* Mise en forme psychologique, Corrière Richard

* Parle-moi... J'ai des choses à te dire, Salome Jacques
Penser heureux, Auger Lucien
* Personne humaine, La, Saint-Arnaud Yves
* Première impression, La, Kleinke Chris, L.
Prévenir et surmonter la déprime, Auger Lucien
* Psychologie dans la vie quotidienne, Blank Dr Léonard
* Psychologie de l'amour romantique, Braden docteur N.
* Qui es-tu grand-mère? Et toi grand-père?, Eylat Odette
* S'affirmer & communiquer, Beaudry Madeleine
* S'aider soi-même, Auger Lucien
* S'aider soi-même davantage, Auger Lucien
* S'aimer pour la vie, Wanderer Dr Zev
* Savoir organiser, savoir décider, Lefebvre Gérald
* Savoir relaxer et combattre le stress, Jacobson Dr Edmund
* Se changer, Mahoney Michael
* Se comprendre soi-même par des tests, Collectif
* Se concentrer pour être heureux, Simard Jean-Paul
Se connaître soi-même, Artaud Gérard
* Se contrôler par biofeedback, Ligonde Paultre
* Se créer par la Gestalt, Zinker Joseph
* S'entraider, Limoges Jacques
* Se guérir de la sottise, Auger Lucien
Séparation du couple, La, Weiss Robert S.
Sexualité au bureau, La, Horn Patrice
Tendresse, La, Wölfl Norbert
* Vaincre ses peurs, Auger Lucien
Vivre à deux: plaisir ou cauchemar, Duval Jean-Marie
* Vivre avec sa tête ou avec son coeur, Auger Lucien
Vivre c'est se vendre, Chaput Jean-Marc
* Vivre jeune, Waldo Myra
* Vouloir c'est pouvoir, Hull Raymond

ROMANS/ESSAIS

Adieu Québec, Bruneau André
Bien-pensants, Les, Berton Pierre
Bousille et les justes, Gélinas Gratien
Coffret Establishment canadien, Newman Peter C.
Coffret Joey

C.P., Susan Goldenberg
Commettants de Caridad, Les, Thériault Yves
Deux innocents en Chine Rouge, Hébert Jacques
Dome, Jim Lyon

Emprise, L', Brulotte Gaétan
IBM, Sobel Robert
Insolences du Frère Untel, Les, Untel Frère
ITT, Sobel Robert
J'parle tout seul, Coderre Émile
Lamia, Thyrand de Vosjoli P.L.
Mensonge amoureux, Le, Blondin Robert

Nadia, Aubin Benoît
Oui, Lévesque René
Premiers sur la lune, Armstrong Neil
Telle est ma position, Mulroney Brian
Terrorisme québécois, Le, Morf Gustave
Un doux équilibre, King Annabelle
Vrai visage de Duplessis, Le, Laporte Pierre

SANTÉ ET ESTHÉTIQUE

Allergies, Les, Delorme Dr Pierre
Art de se maquiller, L', Moizé Alain
* Bien vivre sa ménopause, Gendron Dr Lionel
Bronzer sans danger, Doka Bernadette
* Cellulite, La, Ostiguy Dr Jean-Paul
Cellulite, La, Léonard Dr Gérard J.
Exercices pour les aînés, Godfrey Dr Charles, Feldman Michael
Face lifting par l'exercice, Le, Runge Senta Maria
Grandir en 100 exercices, Berthelet Pierre
* Guérir ses maux de dos, Hall Dr Hamilton
Médecine esthétique, La, Lanctot Guylaine
Obésité et cellulite, enfin la solution, Léonard Dr Gérard J.
Santé, un capital à préserver, Peeters E.G.
Travailler devant un écran, Feeley, Dr Helen
Coffret 30 jours
30 jours pour avoir de beaux cheveux, Davis Julie

30 jours pour avoir de beaux ongles, Bozic Patricia
30 jours pour avoir de beaux seins, Larkin Régina
30 jours pour avoir de belles cuisses, Stehling Wendy
30 jours pour avoir de belles fesses, Cox Déborah
30 jours pour avoir un beau teint, Zizmor Dr Jonathan
30 jours pour cesser de fumer, Holland Gary, Weiss Herman
30 jours pour mieux organiser, Holland Gary
30 jours pour perdre son ventre, Burstein Nancy
30 jours pour perdre son ventre (homme), Matthews Roy, Burnstein Nancy
30 jours pour redevenir un couple amoureux, Nida Patricia K., Cooney Kevin
30 jours pour un plus grand épanouissement sexuel, Schneider Alan, Laiken Deidre

SEXOLOGIE

Adolescente veut savoir, L', Gendron Lionel
Fais voir, Fleischhaner H.
Guide illustré du plaisir sexuel, Corey Dr Robert E.
Helga, Bender Erich F.
Plaisir partagé, Le, Gary-Bishop Hélène

* Première expérience sexuelle, La, Gendron Lionel
* Sexe au féminin, Le, Kerr Carmen
* Sexualité du jeune adolescent, Gendron Lionel
* Sexualité dynamique, La, Lefort Dr Paul
* Shiatsu et sensualité, Rioux Yuki

SPORTS

Collection sport: dirigée par LOUIS ARPIN
100 trucs de billard, Morin Pierre
5BX Le programme pour être en forme
Apprenez à patiner, Marcotte Gaston
Arc et la Chasse, L, Guardo Greg
* Armes de chasse, Les, Petit Martinon Charles
* Badminton, Le, Corbeil Jean
* Canoe-kayak, Le, Ruck Wolf

* Carte et boussole, Kjellstrom Bjorn
* Chasse au petit gibier, La, Paquet Yvon-Louis
Chasse et gibier du Québec, Bergeron Raymond
Chasseurs sachez chasser, Lapierre Lucie

le jour, éditeur

ANIMAUX

ART CULINAIRE ET DIÉTÉTIQUE

Armoire aux herbes, L', Mary Jean
Breuvages pour diabétiques, Binet Suzanne
Cuisine du jour, La, Pauly Robert
Cuisine sans cholestérol, Boudreau-Pagé
Desserts pour diabétiques, Binet Suzanne
Jus de santé, Les, Brunet Jean-Marc

Mangez ce qui vous chante, Pearson Dr Leo
Mangez, réfléchissez et devenez svelte, Kothkin Leonid
Nutrition de l'athlète, Brunet Jean-Marc
Recettes Soeur Berthe — été, Sansregret soeur Berthe
Recettes Soeur Berthe — printemps, Sansregret soeur Berthe

ARTISANAT/ARTS MÉNAGERS

Décoration, La, Carrier Diane
Diagrammes de courtepointes, Faucher Lucille
Douze cents nouveaux trucs, Grisé-Allard Jeanne

Encore des trucs, Grisé-Allard Jeanne
Mille trucs madame, Grisé-Allard Jeanne
Toujours des trucs, Grisé-Allard Jeanne

DIVERS

Administrateur de la prise de décision, L', Filiatreault P., Perreault, Y.G.
Administration, développement, Laflamme Marcel
Assemblées délibérantes, Béland Claude
Assoiffés du crédit, Les, Féd. des A.C.E.F.
Baie James, La, Bourassa Robert
Bien s'assurer, Boudreault Carole
Cent ans d'injustice, Hertel François
Ces mains qui vous racontent, Boucher André-Pierre
550 métiers et professions, Charneux Helmy
Coopératives d'habitation, Les, Leduc Murielle
Dangers de l'énergie nucléaire, Les, Brunet Jean-Marc
Dis papa c'est encore loin, Corpatnauy Francis
Dossier pollution, Chaput Marcel
Énergie aujourd'hui et demain, De Martigny François
Entreprise, le marketing et, L', Brousseau

Forts de l'Outaouais, Les, Dunn Guillaume
Grève de l'amiante, La, Trudeau Pierre
Guide de l'aventure, Bertolino Nicole et Daniel
Hiérarchie ethnique dans la grande entreprise, Rainville Jean
Impossible Québec, Brillant Jacques
Initiation au coopératisme, Béland Claude
Julius Caesar, Roux Jean-Louis
Lapokalipso, Duguay Raoul
Lune de trop, Une, Gagnon Alphonse
Manifeste de l'infonie, Duguay Raoul
Mouvement coopératif québécois, Deschêne Gaston
Obscénité et liberté, Hébert Jacques
Philosophie du pouvoir, Blais Martin
Pourquoi le bill 60, Gérin-Lajoie P.
Stratégie et organisation, Desforges Jean, Vianney C.
Trois jours en prison, Hébert Jacques
Vers un monde coopératif, Davidovic Georges
Vivre sur la terre, St-Pierre Hélène
Voyage à Terre-Neuve, De Gébineau comte

ENFANCE

Aidez votre enfant à choisir, Simon Dr Sydney B.
Deux caresses par jour, Minden Harold
* **Enseignants efficaces**, Gordon Thomas
Être mère, Bombeck Erma

Parents efficaces, Gordon Thomas
Parents gagnants, Nicholson Luree
Psychologie de l'adolescent, Pérusse-Cholette Françoise
1500 prénoms et significations, Grisé Allard J.

ÉSOTÉRISME

HISTOIRE

JEUX & DIVERTISSEMENTS

LINGUISTIQUE

NOTRE TRADITION

OUVRAGES DE RÉFÉRENCE

PSYCHOLOGIE

ROMANS/ESSAIS

À la mort de mes 20 ans, Gagnon P.O.
Affrontement, L', Lamoureux Henri
Bois brûlé, Roux Jean-Louis
100 000e exemplaire, Le, Dufresne Jacques
C't'a ton tour Laura Cadieux, Tremblay Michel
Cité dans l'oeuf, La, Tremblay Michel
Coeur de la baleine bleue, Poulin Jacques
Coffret petit jour, Martucci Abbé Jean
Colin-Maillard, Hémon Louis
Contes pour buveurs attardés, Tremblay Michel
Contes érotiques indiens, Schwart Herbert
Crise d'octobre, Pelletier Gérard
Cyrille Vaillancourt, Lamarche Jacques
Desjardins Al., Homme au service, Lamarche Jacques
De Z à A, Losique Serge
Deux Millième étage, Le, Carrier Roch
D'Iberville, Pellerin Jean
Dragon d'eau, Le, Holland R.F.
Équilibre instable, L', Deniset Louis
Éternellement vôtre, Péloquin Claude
Femme d'aujourd'hui, La, Landsberg Michele
Femmes et politique, Cohen Yolande
Filles de joie et filles du roi, Lanctot Gustave

Floralie où es-tu, Carrier Roch
Fou, Le, Châtillon Pierre
Français langue du Québec, Le, Laurin Camille
Hommes forts du Québec, Weider Ben
Il est par là le soleil, Carrier Roch
J'ai le goût de vivre, Delisle Isabelle
J'avais oublié que l'amour, Doré-Joyal Yves
Jean-Paul ou les hasards de la vie, Bellier Marcel
Johnny Bungalow, Villeneuve Paul
Jolis Deuils, Carrier Roch
Lettres d'amour, Champagne Maúrice
Louis Riel patriote, Bowsfield Hartwell
Louis Riel un homme à pendre, Osler E.B.
Ma chienne de vie, Labrosse Jean-Guy
Marche du bonheur, La, Gilbert Normand
Mémoires d'un Esquimau, Metayer Maurice
Mon cheval pour un royaume, Poulin J.
Neige et le feu, La, Baillargeon Pierre
N'Tsuk, Thériault Yves
Orphelin esclave de notre monde, Labrosse Jean
Oslovik fait la bombe, Oslovik
Parlez-moi d'humour, Hudon Normand
Scandale est nécessaire, Le, Baillargeon Pierre
Vivre en amour, Delisle Lapierre

SANTÉ

Alcool et la nutrition, L', Brunet Jean-Marc
Bruit et la santé, Le, Brunet Jean-Marc
Chaleur peut vous guérir, La, Brunet Jean-Marc
Échec au vieillissement prématuré, Blais J.
Greffe des cheveux vivants, Guy Dr
Guérir votre foie, Brunet Jean-Marc
Information santé, Brunet Jean-Marc
Libérez-vous de vos troubles, Saponaro Aldo
Magie en médecine, Silva Raymond

Maigrir naturellement, Lauzon Jean-Luc
Mort lente par le sucre, Duruisseau Jean-Paul
40 ans, âge d'or, Taylor Eric
Recettes naturistes pour arthritiques et rhumatisants, Cuillerier Luc
Santé de l'arthritique et du rhumatisant, Labelle Yvan
* Tao de longue vie, Le, Soo Chee
Vaincre l'insomnie, Filion Michel, Boisvert Jean-Marie, Melanson Danielle
Vos aliments sont empoisonnés, Leduc Paul

SEXOLOGIE

* Aimer les hommes pour toutes sortes de bonnes raisons, Nir Dr Yehuda
* Apprentissage sexuel au féminin, L', Kassorla Irene
* Comment faire l'amour à un homme, Penney Alexandra

* Comment faire l'amour à une femme, Morgenstern Michael
* Comment faire l'amour ensemble, Penney Alexandra
* Comment séduire les filles, Weber Éric